관계문화치료 입문

Judith V. Jordan 저 | 정푸름 · 유상희 공역

학지사

Relational-Cultural Therapy

by Judith V. Jordan

역자 서문

역자들은 박사과정에서 우리를 지도하셨던 Kathleen J. Greider 교수님으로부터 처음 관계문화이론Relational-Cultural Theory을 소개받았습니다. Greider 교수님은 개인 내면의 심리를 중요시 하셨지만, 기회가 될 때마다 상황적·구조적 측면에서도 문제를 이해할 수 있도록 우리를 가르치셨던 분입니다. 기존에 학습했던 연구분야에서 더 나아가 개인의 내부와 외부에 조금 더 실제적인 방법으로 접근할 수 없을까 고심하던 차에 관계문화이론을 소개받고는 얼마나 희망적이었던지 지금도 그때가 생생하게 기억납니다.

관계가 우리 삶에 미치는 영향과 풍요로움에 대해 강의 시간마다 학생들과 함께 공감하는데, 그 분야를 구체적으로 다루는 책들이 많지 않아 항상 아쉬움을 느끼던 차에 이 책을 많은 분에게 소개해 드릴 수 있어 진심으로 기쁩니다. 이 책이 우리로 하여금 다시 한 번 관계의 중요성을 깨닫게 할 수 있도록 도와주기를 기대합니다. 또한 우리를 더 상호적인 관계로 이끌어 주기를 기대합니다. 하지만 여러

3

분이 관계란 우리 자신을 모두 희생해 버려야만 가능한 것이라는 부담은 받지 않기를 바랍니다. 관계 중심적으로 산다는 것과 관계에서 나를 잃어버린다는 것은 차이가 있음을 일깨워 주는 역할을 하는 책이 되기를 바랍니다.

관계문화이론은 지속적으로 연구되며 발전하고 있습니다. 'Jean Baker Miller Training Institute(http://www.jbmti.org)'에서는 매해 여름 심화과정 교육이 진행되고 있으며, 다양한 분야에 관계문화이론을 적용하여 실제적으로 치료된 연구결과를 보고하고 있습니다. 그리고 소박하게나마 한국에서도 관계문화이론의 연구와 발전이 진행되고 있습니다. 이 분야의 저서와 논문도 조금씩 출간되고 있습니다. 이에 따라 이 책이 한국의 관계문화이론의 연구에 도움이 되기를 희망합니다.

마지막으로, 역자들에게 이 이론을 소개해 주신 Greider 교수님, 이론의 연구 필요성을 강의 시간에 절실하게 느끼게 해 준 많은 학생들, 자꾸 늦장을 부리는 역자들을 기다려 주신 학지사 관계자분들, 특히 꼼꼼하게 교정을 봐 주신 오수영 선생님께 감사를 드립니다. 번역자로서 우리 서로도 더 상호적으로 관계 맺도록 노력하겠습니다.

정푸름 · 유상희

서 문

최근 심리치료의 임상실습에 있어서 증거기반의 개입과 효과적 결과가 이론의 중요성을 약화시킨다고 보는 경향이 있다. 가능성이 없는 것은 아니다. 하지만 우리는 이러한 논쟁을 제안하는 것이 아니다. 우리는 심리치료자들이 자신의 경험과 오랫동안 검증된 증거를 바탕으로 발전된 심리치료의 이론이 더 나은 치료적 성공을 이끈다는 점에서 한 가지 이론을 선택하고 사용하는 것을 알고 있다. 하지만 돌봄의 과정에서 이론의 역할을 설명하기는 쉽지 않다. 문제해결에 대한 다음의 이야기는 이론의 중요성을 잘 보여 준다.

〈해와 바람〉이라는 이솝우화는 해와 바람 중 누가 힘이 더 센가를 결정하는 경쟁을 담고 있다. 거리를 걷고 있는 한 남자를 바라보며 바람은 자신이 그 남자의 코트를 벗길 수 있다고 장담했고 태양도 이 경쟁에 동참하게 된다. 바람이 바람을 세게 불자 남자는 코트를 꽉 붙잡았다. 바람이 더 불수록 남자는 코트를 더욱 꽉 붙잡았다. 태양은 이제 자신의 차례라고 이야기한다. 태양은 따뜻한 햇살을 만들기 위해 최선을 다하고, 곧 남자는 코트를 벗게 된다.

남자의 코트를 벗기기 위한 태양과 바람의 경쟁이 심리치료의 이론과 무슨 상관이 있을까? 이처럼 언뜻 보기엔 간단한 이야기지만 효과적 개입과 긍정적 결과를 예견하는 것으로서 이론의 중요성을 드러낸다. 이론이 없다는 것은 개인의 역할에 대한 이해 없이 증상만을 다루는 것이라고 볼 수 있다. 또는 내담자와 힘의 갈등을 형성하게 되거나 간접적 도움(태양)이 직접적 도움(바람)보다 효과적일 수 있다는 것을 이해하지 못하게 한다. 이론의 부재는 우리에게 치료의 원리를 잊어버리게 하며 대신 사회적 판단에 사로잡히고 단순해 보이는 것을 하지 않게 이끌 수 있다.

무엇이 이론인가? 『APA 심리학 사전』은 "상호 연관된 수많은 현상을 예견하거나 설명하기 위해 주장된 상호 연관된 원리의 총체"로서 이론을 정의한다. 심리치료에서 이론은 무엇이 사람을 변화하게 하는가를 포함한 인간의 생각이나 행동을 설명하기 위해 사용된 원리의 총체로 규정된다. 임상에서 이론은 치료의 목표를 결정하며 이를 어떻게 이루어 갈 것인가를 구체화한다. Haley(1997)는 심리치료의 이론은 일반 치료자들이 이해할 수 있도록 단순해야 함과 동시에 최대한 많은 사례에 활용할 수 있도록 포괄적이어야 한다고 지적한다. 더 나아가, 이론은 성공적 결과를 위해 방향성을 제공할 뿐 아니라 치료자/상담자와 내담자 모두에게 회복recovery이 가능하다는 희망을 심어 줄 수 있어야 한다.

이론은 심리치료자가 임상실습의 방대한 영역에서 방향을 찾아갈 수 있게 하는 나침반과 같다. 항해기술들이 탐험하고자 하는 영역들에 맞게 변형되는 것처럼, 심리치료의 이론들도 시대에 따라 변화한다. 다양한 학파는 물결waves로 간주되기도 하며, 첫 번째 물결은 정신역동이론들(예: Adler 학파, 정신분석), 두 번째 물결은 학습이론들(예: 행동, 인지-행동), 세 번째 물결은 인본주의 이론들(인간중심, 게슈탈트, 실존주의), 네 번째 물결은 여성주의와 다문화 이론들, 다섯 번째 물결은 포스트모던과 구성주의 이론들이다. 이러한 물결들은 심리치료가 심리학, 사회, 인식론에 따라 심리치료의 본질 내에서 어떻게 변화에 적응하고 반응하는가를 보인다. 심리치료와 이론들은 역동적이며 반응적이다. 다양한 이론은 같은 인간행동이라도 다르게 개념화될 수 있다는 것을 보여 준다(Frew & Spiegler, 2008).

이론의 중요성과 이론적 사고의 자연적 진화라는 두 가지 개념을 염두에 두고 우리는 〈심리치료의 APA 이론들〉이라는 시리즈를 발전시켰다. 우리는 각각의 모델이 제시하는 광범위하고 복잡한 생각들과 이론에 의해 매료되었다. 심리치료의 이론들을 과목으로 가르치는 대학교수로서 우리는 전문가와 전문가가 되기 위해 훈련받고 있는 이들을 위해 주요 이론의 핵심을 포함할 뿐 아니라 최근의 모델을 소개하는 학습 자료를 만들기 원했다. 가끔 이론서들은 이론가의 전기biography를 기술하면서 모델이 어떻게 진화되는지 충분히 보여 주지 못하기도 한다. 이와 반대로, 우리는 이론의 역사와 상황뿐 아니라 그 이론의 현대적 사용에 대해 논의하고자 한다.

이 프로젝트가 시작됨에 따라 우리는 어떤 이론을 다루며 누가 이를 기술할 것인가라는 두 가지의 결정을 내려야 했다. 우리는 대학원 수준에서 어떤 심리치료 이론의 과목들이 강의되고 있는지 살펴보았으며, 어떠한 이론들이 흥미를 이끄는지 보기 위해 인기 있는 전문 서적, 글, 학회를 조사하였다. 다음으로, 현재 이론적 임상을 제공하는 이들을 바탕으로 저자들의 목록을 작성하였다. 각 저자는 그 이론의 주된 옹호자일 뿐 아니라 그 이론에 정통한 임상전문가다. 우리는 각 저자에게 이론의 핵심요소를 검토하게 하고, 증명 가능한 실습장소에서 현대적 상황의 임상실습에 이론이 어떻게 적용되는지, 이론이 실제 현장에서 어떻게 작용하는지 보여 주도록 요구했다.

시리즈는 24개의 제목들로 구성되어 있다. 각 제목은 각각 사용될 수 있을 뿐 아니라 다른 제목들과의 조합을 통해 심리치료 이론에 관한 수업 자료로 사용될 수 있다. 이러한 선택사항은 현대에 적합한 접근을 과목으로 만드는 데 활용될 수 있다. APA Books는 이론이 임상에서 실제 내담자에게 어떻게 적용되는지 보여 주기 위해 DVD를 제작했다. 몇몇의 DVD는 6회기가 넘는 치료의 과정을 보여 준다. DVD 프로그램의 목록을 보기 위해서는 APA Books를 참조하기 바란다(http://www.apa.org/videos).

이 책에서 Judith Jordan 박사는 관계문화치료RCT를 잘 설명하고 있으며 어떻게 RCT가 효과적인 심리 실습을 이끌어 내는지 알려 준다. 최근에 발전된 심리치료 이론으로서 RCT는 인간의 연결성connection과 관계relationships의 중요성을 강조하는 모델로 정신역동과 여성주의 이론을 활용한다. RCT의 또 다른 특징은 이론을 발전시킨 대부분의 학자가 여성이라는 점과 관계의 발전에서 문화와 정체성의 영향을 특별히 고려한다는 점이다. 저자인 Jordan은 RCT의 초기

이론가 중의 한 명으로, Wellesley College의 Jean Baker Miller Training Institute의 책임자로서 많은 심리치료의 경험을 기술한다. 수많은 사례 연구는 책을 읽는 독자로 하여금 실습에서 이론에 익숙해지도록 도울 것이다. 우리는 RCT의 최초의 완성된 개관으로서 이 책을 소개할 수 있어 기쁘게 생각한다. 이 책은 이처럼 중요한 이론의 진화에 이정표가 될 것이다.

Jon Carlson과 Matt Englar-Carlson

참고문헌

Frew, J., & Spiegler, M. (2008). *Contemporary psychotherapies for a diverse world.* Boston: Lahaska Press.

Haley, J. (1997). *Leaving home: The therapy of distrubed young people.* New York: Routledge.

차 례

Chapter 01
서 론

서 양의 주된 심리학 이론들은 인간 발달을 의존에서 독립으로의 궤도로 보는 경향이 있다. 이러한 모델에서 양육의 '작업'은 의존적이고 무기력한 아이들을 자율성과 독립성을 가진 성인이 되도록 이끄는 것이다. 이와는 반대로, 관계문화이론relational-cultural theory: RCT은 인간이 일생 동안 관계를 통해, 그리고 관계를 향해 성장한다는 것을 전제로 한다. 또한 인간은 성장하기 위해, 심지어 살아가기 위해 관계가 필요하며, 고립은 인간에게 개인적·문화적 차원의 고통을 야기하는 주된 원천이라고 여긴다. 관계를 인간 삶의 근본적·지속적 주체자이며 동기의 원천이라고 보는 관점은 사회화의 작업을 아이들이 관계적 기술을 발전시키도록 도우며 관계 속에서 상호성의 가능성을 만들어 내도록 하는 것으로 변형시킨다. 더 나아가, 이러한 관점은 인간에게 심각한 고통을 가져오는 단절의 사회·정치적 힘의 변화를 위한 필요성에 관심을 기울이게 한다. 사회변화를 위한 노력으로, RCT는 고립에서 벗어나는 것에 중점을 둔 치료의 모델을 제공한다. RCT는 독립성을 성숙한 발달의 특징으로 여기는 보편적인 발달이론들뿐 아니라, 자율성, 자기이익, 경쟁 그리고 고립의 장점을 강조하는 21세기 서양 문화의 기본 경향에 도전한다.

분리된 자아의 신화

대부분의 전통적 서양 발달이론들과 임상이론들은 분리된 자아 성장의 중요성에 핵심적 신념을 둔다. 따라서 자율성, 개인주의, 확고한 자기경계, 분리 그리고 논리적 · 관념적 사고의 활용 증가는 성숙함의 증거들로 여겨진다. 감정으로부터 사고를 분리할 수 있는, 감정을 넘어서는 사고의 우월성이 옹호된다. '자신의 두 발로 서라' 라는 개인주의와 최고의 업무수행을 위한 타인과의 경쟁을 강조하는 문화적 가치들은, 소위 말하는 가치중립적 · 과학적 · 심리학적 패러다임을 불러일으켰다.

다양한 편견은 자기 또는 자아에 대한 임상-발달 이론들에 지배적으로 영향을 주었다. 스스로를 진실된 '자연과학'으로서 만들고자 하는 노력하에 심리학의 신진 분야는 "대상들의 근본적 분리를 강조하는 과학의 베이컨주의 모델Baconian models에 기반을 둔" 뉴턴 물리학을 바탕으로 한다(Jordan, 2000). 뉴턴 물리학은 개별적이고 분리된 독립체들이 공간 속에 존재하며, 이들은 예측 가능하고 측정 가능한 방법으로 서로에게 작용한다고 가정한다. 이는 비교적 한계적이고 억제된 '분자의' 실체로서 자아에 대한 연구를 이끈다 (Jordan, Kaplan, Miller, Stiver, & Surrey, 1991).

비록 이는 종종 '자연적 사실'로서 여겨져 왔지만, 자아는 실제적으로 복합적 개념이다. 이는 공간적 은유a spatial metaphor에 바탕을 두고 있다. 즉, 자아는 중앙과 내장벽을 가진 공간으로 여겨진다 (Cooley, 1902/1968). 대부분의 모델에서는, 만약 자아가 잠재적으로 위험한 주변 환경으로부터 자신을 보호하기 위한 강한 내부 경계를 가지고 있다면 최상의 상태로 작용한다고 묘사된다. 자기보호와 자기일관성은 자아의 주된 기능으로 여겨진다(Kohut, 1984). 대부분의 정신역동이론에서는 만약 자아가 다른 자아로부터 보다 독립적일 때 더 나은 기능을 한다고 본다. 그러나 더 나은 자아라는 것은 다른 자아들을 지배하며 타인을 필요로 하지 않는 자아를 말한다. 심리학적 자기충족의 편견들이 깊이 뿌리 내리고 있는 것이다. 분리된 자아 모델을 기반으로 한 독립의 신화는 인간의 필수불가결한 의존성과 상호연결성을 희석시킨다. Markus와 Kitayama(1991)는 "독립이라는 문화적 목표를 성취하는 것은 자신의 내적 사고, 감정 그리고 행동들의 레퍼토리 내에서 만들어지고 조직된 행동을 하는 개인의 형성을 요구한다."(p. 226)고 말한다.

서양의 산업화된 국가에서는 자아가 공동체의 결속감으로부터 유동적이며 자유롭게 되기를 고무한다. 자아는 경쟁적이며 타인과 경쟁하고 승리하는 것을 통해 행복감과 안정성을 얻게 된다. 다른 사람을 넘어서는 우월한 힘을 갖는 것은 안전성와 성숙성을 위한 길로 여겨진다. 이러한 발달의 신화가 보편적인 것으로 여겨지는 동안, 이는 특히 젊은 세대들의 지배적인 서양식 사회화 속에서 일반화되고 있다(Pollack, 1998). 비록 많은 젊은 세대가 자율성과 초 개인주의에 대한 기대로 상처 받았지만, 많은 이들은 그들이 경쟁적 성공의 외형을 취했을 때 힘과 지위의 특권을 갖게 된다. 이러한 특권을 얻기 위해 타인에 대한 자신의 의존성을 보이지 않게 함으로써, 이들은 자신 스스로 이러한 이득을 갖게 되었다고 잘못된 주장을 한다. 그러나 독립성과 상처받지 않는 것invulnerability이라는 비현실적 목표에 대한 기대들은 극심한 스트레스와 육체적 건강 약화를 야기한다.

RCT의 기본 원리

RCT의 실습은 성장의 중심에 관계connection를 두는 인간발달의 새로운 모델을 바탕으로 한다. 몇 년의 기간을 통해 형성된 RCT의 근본 원리들은 인간이 일생 동안 관계를 통해 성장한다는 것을 전제로 한다. RCT는 인간 삶 전반에 있어 상호의존성은 필수불가결하며, 심리학적 분리의 개념을 허구적이며 거부해야 할 아이디어라고 여긴다. 관계를 유지하는 것으로부터의 분리보다는 관계차별화relationship differentiation의 향상이 발달의 경로라고 여긴다(Jordan et al., 1991; Surrey, 1991). 이 이론은 단계적이고 '고정된' 상태나 일방적 방향의 발달을 제안하지 않는다. 대신에 RCT는 상호성을 위한 향상된 능력과 함께 관계 속에서의 복합성complexity과 표현articulation의 증진을 시사한다.

성장지향적 관계는 ① 에너지의 상승, ② 자신의 경험, 타인, 관계에 대한 향상된 지식과 명료성, ③ 창조성과 생산성, ④ 증폭된 가치감, ⑤ 관계를 향한 바람 등의 특성을 갖는다(Miller & Stiver, 1997). 발달은 관계적 패턴과 역량의 정교성과 차별화의 향상을 내포한다. 인간은 상호 간에 주고받는 관계에 참여하기를 원한다. 이상적 발달은 진정성authenticity, 상호 공감mutual empathy, 그리고 상호 간의 힘 불어넣기mutual empowerment를 지향한다. 복합적인 인지적 · 감정적 능력인 공감은 타인에 대한 반향resonance과 반응성responsiveness의 중심에 자리 잡고 있으며 이상적 발달을 돕는다. 더 나아가, 공감이 복합성과 미묘한 차이를 가지고 일생 동안 발전하는 동안, 인간은 신경학적으로 다른 사람과 관계를 맺도록 만들어졌다. 예를 들어, 유아들이 다른 아이의 울음에 반응하여 울듯, 인간은 타인에게 반응하도록 준비되어 세상에 나오게 된다(Sagi & Hoffman, 1976; Simner, 1971).

상호 공감은 1981년 RCT 모델에서 처음으로 명시된 개념으로서(Jordan, 1986), 공감이 변화를 촉진하기 위해서는 각 개인이 타인의 반응을 보고, 알고, 느낄 수 있어야 한다고 제안한다. 상호 공감은 상호 영향, 상호 돌봄 그리고 상호 반응을 내포한다. 또한 공감의 실패를 보수하도록 도우며, 초기 형성 관계에서 만들어진 관계적 기대감을 변화시킨다. 상호 공감은 RCT의 치료적 활용에 근본이 되는 개념이다. 간단히 말해, 치료는 반응의 춤a dance of responsiveness이다. 즉, "나는 당신의 경험과 고통에 공감하고, 당신의 고통이 나에게 영향을 주고 있고, 당신은 나에게 소중하다는 것을 알려 주고자 합니다."라고 치료자가 내담자에게 말하게 된다. 이를 통해 내담자는 치료자의 공감을 보고, 알고, 느끼게 되고(또는 공감하게 되고), 그로 인해 관계적 역량과 효능을 경험하기 시작한다(Jordan, 2000). 이러한 상황에서 내담자는 타인에게 돌봄 반응을 할 수 있는 능력을 알고 경험함과 동시에 고립감이 감소하게 된다. 결국 치료자와 내담자는 성장지향적 관계로 움직이기 시작하게 되고(Jordan, 2000, 2002), 결국 이는 단절에서 관계의 재형성으로의 내담자의 폭넓은 움직임을 조장하게 된다. '막힘'이 있는 곳에서 심리적 움직임과 성장이 시작되는 것이다.

RCT는 조화롭고 편안한 관계의 개요로 잘못 해석되어서는 안 된다. 창시자 Jean Baker Miller는 '좋은 갈등good conflict'은 변화와 성장을 위해 필요하다고 강하게 주장하며, 우리가 차이점을 맞닥뜨리고 관계 속에서 갈등이나 차이점들을 해결하기 위해 노력할 때 우리는 깊이 있는 변화와 성장을 경험한다고 말한다. Miller에 의하면 갈등은 지배, 폭력, 공격성으로 정의되지 않으며, 이러한 상호작용의 방식은 갈등과 변화를 피하기 위한 수단으로 여겨진다. 치료의 과정에서 갈등과 차이점을 다루는 것은 결정적이다. 치료자는 힘, 거리또는 모든 것을 아는 객관성의 위치에 있어서는 안 된다. 대신 치료자는 차이점을 함께하며, 상호작용으로부터 일어나는 갈등이나 단절에 대한 자신의 기여를 인정하고 그것을 통한 배움에 열려 있어야 한다.

치료자의 반응적 함께함responsive presence은 RCT 치료의 특징 중 하나다. RCT 치료는 일련의 기술들보다는 태도의 변화와 이해에 기반을 두고 있다. RCT 치료자들은 내담자가 깊이 있는 존중을 받을 가치가 있으며, 치료는 치료에 참여하는 모든 이들의 변화에 대한 개방성을 내포한다고 본다. 이러한 상호성의 태도는 성장과 변화라는

RCT 모델의 초석인 상호 공감과 상호 간의 힘 불어넣기의 실행에 기초가 된다.

차이점, 계층화 그리고 특권

만약 관계가 RCT의 목표라고 한다면 단절은 극복해야 할 도전이라 할 수 있다. 일시적 단절acute disconnections은 모든 관계에서 일어나며 그 자체로 해롭지는 않다. 만약 단절이 서로가 상호 존중되고 효과적이라 여겨지는 방법에서 다시 활용된다면, 일시적 단절은 관계에 대한 신뢰와 긍정적 기대감을 향상시킬 수 있다. 반대로 만성적 단절chronic disconnections은 대부분의 사람이 말하는 병리의 원인이며, 반복적으로 경험하는 비공감적 반응에 대한 결과다. 극단의 경우, 단절은 굴욕, 폭력, 학대 그리고 감정적 무시에서 비롯된다. 전통적 치료자들이 만성적 단절이 개인적 차원의 절망과 고립을 야기한다는 점에 관심을 갖는다면, RCT는 계층화된 사회적 조직과 소외에 의해 형성된 단절이 부동성immobilization과 고립의 경험을 야기한다는 점에도 관심을 갖는다. 인종차별주의, 동성애 혐오, 계급 편견 그리고 성차별은 개인과 사회의 에너지를 약화시키고 고통을 야기하는 만성적 단절을 초래한다. 몇몇의 임상 이론들은 현존하는 사회적 힘의 배열에 의해 야기되는 고통에 대해 관심을 기울인다. Miller에 따르면 "Alfred Adler는 여성을 향한 사회적 개념을 비난하고, 이러한 개념이 여성뿐 아니라 아이들에게도 심리적 문제를 야기하는 기반이 된다고 보는 최초의 심리분석가다"(1973, p. 3). 여성뿐 아니라 개인과 집단에 대한 지배와 종속의 영향을 분석하는 것이 RCT의 사회 정의 논의에 있어 중요한 부분이다.

진실된 감정을 표현하기 위해서 개인은 약점을 내보일 수 있는 충분한 안정감을 느껴야 한다. 이는 관계 속에 얼마만큼의 상호성이 존재하는지와 직접적으로 연관되어 있다. 특권과 소외는 문화 안의 차이점들을 계층화함으로써 나타난다. 지배적 문화는 상호성을 방해하도록 자신, 타인 그리고 관계적 가능성의 이미지들을 왜곡한다 (Walker & Miller, 2000). RCT는 개인으로 하여금 이러한 관계적·지배적 이미지의 제한성을 거부하고 확장을 돕는다.

몇몇의 이론가는 특권의 문제들이나 지배와 사회 부정의의 영향이 발달이론 같은 이론의 형성이나 임상심리학의 적용과는 무관한 것으로 다룬다. 다른 이론가들은 이러한 주제가 지엽적인 것으로, 문화적 영향에 대해 이야기하거나 정치적으로 옳게 보이기 위해 부차적으로 병합된 것으로 여긴다. RCT는 힘의 불균형과 억압의 주제들이 치료적 이해와 중재에 핵심적이라고 제안한다. 잘 인식되지 않은 특권과 미묘한 또는 명백한 힘을 타인에게 사용하는 것은 필수불가결하게 분열, 분노, 힘의 박탈, 우울, 수치심 그리고 단절을 야기한다.

관계는 문화 안에 내재되어 있다. 이론 또한 문화 안에 내재되어 있다. 심리학 이론가들은 그들의 이론에 영향을 주는 편견과 가치 구조를 인식할 책임을 가지고 있다. 이러한 인식이 없다면, 이론은 '객관적인' 체하는 것일 뿐이며 그들의 관심사는 무용지물이 된다. 즉, "심리학 이론의 역사는 사람들을 지배와 종속의 두 그룹으로 나누는 힘의 사용과 문화적 합의를 공모한 증거들로 가득 차 있다"

(Jordan & Walker, 2004, p. 3). RCT는 문화와 그 문화의 왜곡된 점을 이해하는 것이 문화 속에 그리고 그 주변에 살고 있는 개인을 이해하는 데 필수적이라 여긴다. 즉, "이론의 중심에 문화와 관계를 나란히 놓는 것은 중요한 침묵을 깨뜨리기 위한 것이다. 맨 먼저 이는 사회적·정치적 가치들이 분리와 자율성을 평가하는 이론들뿐 아니라 인간 심리학의 이론들에 영향을 주고 있다는 것을 인식하는 것이다"(Jordan & Waler, 2004, p. 3).

분리에 대한 환상과 자율성에 대한 옹호는 성장지향적 관계에 참여하고자 하는 인간의 기본 욕구를 부인하거나 훼손하는 것이라 볼 수 있다. 서구의 문화는 이러한 단절된 개인주의적 성향들에 가치를 둔다. 이러한 문화 속에서 특권을 가진 사람들은 보다 자기충족적이며, 보다 성숙하고, 특권을 누릴 만하다고 잘못 보일 수 있다. 그러나 치료자들은 타인의 성장에 기여해야 하며, 상호 유익한 상호작용에 참여하고자 하는 타인의 의지를 경험해야 한다고 주장하는 이론들이 증가하고 있다. 이러한 필요성을 효과적으로 제시하기 위해 치료자들은 다음과 같은 질문을 할 필요가 있다. 어떻게 심리학이 분리와 독립성을 옹호하는 문화적 가치들의 형성을 도모했는가? 어떻게 심리학과 임상실습이 단절의 문화에 의해 형성되고, 또한 그러한 문화를 만들고 존속시켰는가? 어떻게 심리학이 특권과 편견의 문화를 지속하는 데 공헌했는가?

이러한 질문들은 사회정의 실현의 가능성을 제시하고, 이론들이 가지고 있는 객관성과 중립성에 대한 환상을 지우도록 돕는다. 이를 논의함에 있어, RCT는 그것이 가지고 있는 다음의 가치 편견들을 인식한다. 즉, 좋은 관계를 형성하는 능력은 필수적 인간 기술이라는 신념, 인간이 관계적 기술들을 발전시키고 관계를 향한 기본 욕구를 존중하는 것이 인류 행복을 위해 가치가 있고 필수적이라는 신념, 인간은 타인과 관계하고자 하는 **본질적** 욕구를 가지고 있다는 신념, 관계를 향한 이러한 핵심적 갈망이 더 큰 맥락에서 지지되고, 사람들이 타인과 성장지향적 방법으로 관계하는 방법을 배우게 된다면 인간은 개인적·집단적 차원에서 향상된 행복감을 경험할 것이라는 신념이다.

Chapter 02
RCT의 역사

관계문화이론RCT의 가장 근본적인 출발점이 된 획기적인 책
은 Jean Baker Miller의 『새로운 여성심리학을 향하여(Toward a New
Psychology of Women)』(1976)다. Miller는 지금까지 여성의 단점이라
고 여기던 특성을 연구하며 사실은 이런 특성이 강점이 될 수 있다
는 주장을 하였다. 그녀는 '중립적'이라고 그나마 여겨져 오던 개인
에 관한 심리학을 재해석하며 드러나지 않게 존재하는 힘과 억압이
사회적이며 개인적인 발달에 강한 영향을 끼침을 제시하였다.
Miller는 여성을 이해함에 있어 기존의 자아에 대한 이해(특히 분리된
자아)에 의문을 제기하며 성장 중심에는 관계가 있음을 주장하고, 여
성들은 인생 전반에 걸쳐 가장 기본적인 인간의 욕구를 모든 사람을
대신해 '담고 있는' 자들임을 이야기해 왔다. RCT는 이러한 인식 속
에서 태동했으며, 정신분석 치료와 관련해서는 인종, 차별성, 사회

정의에 관한 새로운 사고들을 점차적으로 재구성해 왔다.

페미니즘과 사회정의에 기반한 관계문화이론

1978년에 Miller는 세 명의 심리학자 Irene Stiver, Judith Jordan, Janet Surrey와 함께 작업하며 전통 심리학 이론이 여성의 경험을 잘못 대변하고 있음을 비판하기 시작하였다. 이 공동의 노력으로 스톤 센터 이론the Stone Center Theory과 관계 속의 자아self-in-relation 이론으로부터 관계문화이론을 구성하였다. 임상 사례를 연구하고 여성 내담자들의 이야기를 들으며, 앞의 네 명의 여성은 모든 인간의 심리로 대변되었던 기존의 이해의 한계를 연구하기 시작하였다. 1981년부터 시작하여 공동 연구의 결과물을 북미 학술 모임과 심리학회에서 발표하였다.

Miller가 웰스리 칼리지의 발달 연구를 위한 스톤 센터의 책임자가 됨으로써 이들은 조직적인 틀을 가질 수 있었다. 스톤 센터는 1981년에 스톤 가족들이 정신질환 예방과 정신건강 연구를 위해 돈을 기부하며 개관하였다. 초기 책임자로서 Miller는 여성의 건강을 위한 가장 중요한 공헌은 여성의 심리 발달을 올바르게 대변해 내는 것이라 여겼다. 연속적으로 개최한 콜로키움colloquium이 '스톤 센터의 연구 작업the Stone Center Works in Progress'이라는 출판물로 이어졌다. 이 그룹은 계속해서 100개의 연구 작업과 15권의 책을 출판하였다 (Jordan, 1997, 2000; Jordan, Kaplan, Miller, Stiver, & Surrey, 1991; Miller & Stiver, 1997; Robb, 2006; Shem & Surrey, 1998; Walker &

Rosen, 2004; 완벽한 목록을 얻으려면 이 책의 '더 읽을거리' 참조). 초창기 멤버는 아니었지만 Alexandra Kaplan이 알츠하이머병으로 젊은 나이에 죽음을 맞이하기 전 몇 년을 이 그룹에 참여하였다. 1980년대에 다른 여러 연구 그룹들이 핵심 이론 그룹에 참여하였는데 이들은 유색인종 여성, 레즈비언과 양성애자 여성 그리고 만성 질병을 앓고 있는 여성들의 이슈들을 대변하였다. 뒤이어 Maureen Walker, Amy Banks, Wendy Rosen, Linda Hartling이 핵심 이론 그룹에 참여하였다.

RCT가 대두되던 같은 시기에 하버드 대학교에서는 Carol Gilligan이 좀 더 전통적인 학문연구의 배경에서 기존의 발달이론이 여성의 심리를 어떻게 대변하는지에 대한 유사한 문제 제기를 하였다. Kohlberg의 도덕적 발달이론이 전적으로 남성의 입장에 근거한다며, Gilligan(1982)은 이 이론을 여성과 어린 소녀들의 발달 기준으로 삼는 것이 과연 정확할 수 있을까 하는 의문을 제기하였다. '권리'에 입각한 도덕성과 관념적 원칙에 입각한 정의라는 개념을 대신해 여성은 '돌봄'에 입각한 도덕성의 측면에서 이해할 수 있다고 본 것이다. 관념적 정의, 자율성, 경쟁 그리고 독립과 같은 남성들의 기준이 여성과 어린 소녀들에게 적용되면 여성과 소녀들은 결함이 있거나, 미숙하게 발달했거나, 남성보다 덜 성숙하다고 여겨진다. 관계문화이론가들, Gilligan과 그녀의 대학원 학생들(Annie Rogers와 Lynr Brown), 그리고 Judith Herman이 이끌던 폭력 피해자들의 모임이 1987년에 하버드 의과대학 주최로 '여성으로부터 배움'이란 컨퍼런스를 조직하였다. 300~2,000명이 참석하는 2년에 한 번 열리는 이 회의에서, 앞의 세 그룹은 각각 서로의 유사점과 차이점을 염두에 두며 새로운 지식과 이해를 나누었다. 확실한 것은 세 그룹 모두가 지속적으로 진행된 회의에서 많은 반향을 일으켰다는 것이다.

초기 RCT에 동참한 이들은 모두 백인, 중산층, 고학력 계층에 편중되어 있었다. 이 여성 이론가들은 남성에 의해 강요된 왜곡된 여성 심리에 반대했음에도 불구하고, 다양한 여성들의 소리를 대변하지 못하고 자신들에게 익숙한 단편적인 여성의 목소리만을 주장함으로써 왜곡된 심리를 그대로 반복하여 주장한 측면이 있었다. 이것은 다양성과 힘의 불균형을 의식하려는 노력에 기득권을 가진 이들의 일반적 사고가 미치는 영향을 보여 주는 것이다. 유색인종 여성들, 레즈비언들, 또 다른 성적 정체성을 가진 여성들, 신체적으로 장애가 있는 여성들, 다양한 경제적 배경의 여성들은 자신들이 왜곡된 이해에 근거해 배척당하던 경험들이 이 모임에서도 일어나고 있음을 콘퍼런스, 워크숍 그리고 '이론 그룹the theory group' 등에서 지적하였다.

Jean Baker Miller는 1976년에 출판된 『새로운 여성심리학을 향하여』에서 이런 주제들을 다루었지만, 이런 주제들이 소외되어 밀려나고 있다고 느낀 다른 참여자들에 의해 스톤 센터의 가장 중심적인 주제로 대두된 것이다. 초기의 멤버들도 이런 평가를 수용했고 자신들이 특권을 누리는 지위에 있다는 것 그리고 그와 함께 누리게 되는 특혜가 보편적인 것이라 여겼던 점을 시인하였다(McIntosh, 1988). 바로 이런 점을 가리켜 bell hooks는 '중심'의 삶이라고 표현했는데, 이는 '주변'의 삶과 구분되는 것이다(1984). '중심'의 삶은 서로가 가진 차이점을 촉진하는 환경이 아니다. 오히려 다른 사람에게 힘을 행사토록 촉진하며 특권층의 권리를 누리려 한다. 소외된 집단의 여성들이 의견을 낼 수 있도록 했는데 그냥 다른 의견에 하나 더 '얹는' 것이 아니라 이 이론의 중심적인 개발자가 될 수 있도록 하였다. 1985년 이후에 스톤 센터에서 출판된 논문들은 점차 중시되는 인종, 성적 정체성 그리고 지배와 순종의 사회적 패턴 주제들이 반영되어 있다(Alvarez, 1995; Coll, Cook-Nobles, & Surrey, 1995; Desai, 1999; Eldridge, Mencher, & Slater, 1993; Jenkins, 1998; Rosen, 1992; Sparks, 1999; Tatum, 1993, 1997; Tatum & Garrick Knaplund, 1996; Turner, 1984, 1987; Walker, 1999, 2001, 2002; Walker & Miller, 2000; Ward, 2000). RCT는 '지배적인' 관계의 파괴적 영향력과 힘의 불균형에서 오는 계층화에 대해 더 심도 깊게 다루게 되었다(Jordan, Walker, & Hartling, 2004; Miller, 2003; Walker, 2002).

RCT는 사람이 초기 양육자에 의해서만 형성된다고 보지 않았고 사회정치적 · 인종적 · 문화적 · 성적 · 경제적 환경에 의해 영향 받는다고 보고 이런 다양한 여성(그리고 남성)의 목소리를 대변하려 노력하였다. 최근에는 인종, 계층, 성적 정체성 그리고 다양한 소외 유형이 개인 또는 집단에 끼치는 영향에 대해 묘사하려고 한다. 『Women's Growth in Diversity』(1997)라는 저서로 인해 "전통적으로 주류에서 소외된 여성의 목소리와 경험에 획기적인 관심"(Jordan & Walker, 2004, p. 3)을 가지게 되었다. 이 여성들의 목소리에 관심을 가지는 것은 "백인이며, 경제적으로 풍요롭고, 장애를 갖지 않은 신체를 가진 이성애자 여성"으로 모든 여성을 이해하려는 막강한 가정을 반박하려는 것이며, "반박하지 않으면 이러한 가정이 모든 여성을 이해하고 평가하는 기준"(Jordan & Walker, 2004, p. 3)이 되기 때문이다.

RCT 작업을 심화하고자 1995년에 Jean Baker Miller 교육 연구소가 설립되었다. 연구소에서는 심리치료자들을 위해 1년에 2회씩 교육을 하며, RCT를 조직이나 리더십에 적용하려는 전문가들을 위해 1년에 1회씩 교육을 실시하였다. Joyce Fletcher는 사업체와 단체 모델을 이해하는 데 있어서 RCT가 유용함에 관심을 가졌다(1995, 1999; Fletcher, Jordan, & Miller, 2000; Myerson & Fletcher, 2000). 연구소는 해마다 관계의 신경생물학, 관계적 마음다함, 모자관계, 모녀관계 그리고 관계 멘토링과 같은 새롭게 대두되는 주제들로 워크숍을 열어 왔다. 연구자들의 네트워크를 형성하여 각국에서 RCT 관련 작업을 하는 연구자들이 연례 포럼을 개최하기도 하였다. 최대 공헌자이자 안목 있는 리더였던 Jean Baker Miller와 Irene Stiver의 타계에도 불구하고, 연구소의 교수들은 지속적으로 출판과 강의를 하고 있다. Freud, Jung, Horney, 또 다른 심리학자나 정신분석학자와 더불어 대학과 대학원 교재에 RCT가 소개된다(Corey, 2009; Engler, 2003; Frager & Fadiman, 1998). 교육기관 외에는 퓰리처상 수상작가인 Christina Robb이 2006년에 출간한 책 『This Changes Everything: The Relational Revolution in Psychology』에 소개됨으로써 확고하게 자리매김하게 되었다.

정신역동 차원의 관계문화이론

초창기 RCT 학자들은(Jordan et al., 1991 참조) 모두 정신역동 모델에 근거한 정신분석 훈련을 받았다. RCT 안에는 이 개념들이 많이 구현되어 있다. 예를 들어, 다른 정신역동이론과 마찬가지로 RCT도 '말로 하는 치료'에 근거한 이론과 치료로 볼 수 있고, 초기와 그 이후의 관계들이 인간의 삶을 크게 좌우한다고 믿으며, 인간이 가지는 관계에 대한 기대는 의식적이지 않음에도 불구하고 행동에는 영향을 준다는 생각에 동의한다. RCT가 전이와 역전이와 같은 용어를 쓰지는 않지만 관계 이미지(像)의 개념 또는 과거로부터 현재까지의 상호교류를 일반화하는 생각들은 전이의 개념과 유사한 점이 많다. RCT의 한 가지 차이점은 이런 생각들이 치료관계에서뿐만이 아니라 모든 관계에서 작용한다는 것이다. 이런 유사점에도 불구하고 Freud의 정신분석이론이나 대상관계이론과 같은 주된 정신역동이론, 그리고 Stern(1986), Kohut(1984), Rogers(1951, 1980)의 이론들과 RCT 사이에는 차별화의 핵심 요점이 있다.

많은 이들은 Freud의 이론이 현대의 치료 상황에는 지대한 영향을 끼치지 못한다고 말한다. Freud의 고전적인 정신분석은 여러 면에서 의문시되고 수정되었다(Safran & Muran, 2000). 하지만 Freud 이론은 현재의 임상 모델, 더 넓게는 문화로 스며들어 직접적으로 보이지는 않지만 사회에 많은 영향을 주고 있다. Freud 이론은 주로 '자기'에 대한 이론으로 인식되지 않지만 원초아, 자아, 초자아를 강조한다는 측면에서 내면 심리를 매우 중요하게 다루고 있다. 'Das Ich'(주로 '자아'라고 번역하는)는 자기Self의 주관적이고 주체적인 경험이라 할 수 있는, 말 그대로의 '나'다. Das Ich는 충동과 의식을 조절하며, 내면 심리 구조의 한 부분으로서 상황과 분리된다. Freud 이론은 리비도와 공격성에 의해 좌우되어 근본적으로는 이기적이라는 선입견이 있어 왔다. Freud는 "자극으로부터 보호하는 것이 자극을 받는 것보다 더 중요하다."(1920/1955, p. 27)고 말하였다. 이는 경계성을 강력하게 강조한 것이다. 경계는 내부의 유기체를 안전하게 보호해 주고, 나쁜 영향을 주는 위태로운 외부 상황으로부터 방어해 주는 것이다. 이는 관계에서 자신이 위태로운 상황에 놓이게 되면 살아남을 수 있는 가장 안전한 방법은 타인보다 힘이 강해져 방어벽을 치고 그 안에서 보호되는 것이라는 생각을 자리 잡게 한다. 외부로부터의 침입을 막는 것이 경계라는 Freud의 생각과는 반대로, RCT에서는 경계의 개념을 만남과 배움, 차이화와 교류가 일어나는 곳이라 여긴다.

Freud도 배고픔이나 성욕과 같은 일차적 만족에 대한 추동에 비해 관계는 이차적이라는 제안을 하였다(1920/1955). 대상관계이론 학자들은 추동이론의 비난으로부터 자신들을 분리하고자 하여, 초기 대상관계이론 학자들은 주로 일차적 관계 그중에서도 엄마-자녀의 관계를 중시하였다(Fairbairn, 1959/1962; Guntrip, 1973; Klein, 1953; Winnicott, 1977). 하지만 Freud에 대한 충성심이 남아 본능 모델과 추동의 개념들은 계속 사용하였다. 대상관계이론의 중요 학자인 Melanie Klein(1953)은 양육자에게 가해진 부당함에 대한 죄책감에서 관심을 가질 수 있는 능력이 생겨났다고 믿었다. 엄마-유아 관계를 서정적으로 묘사하는 Winnicott(1997)은 관심을 가질 수 있는 능력 향상의 중심에는 공격성에 대한 죄책감이 자리하고 있다고 보았다. Fairbairn(1946)의 성숙한 의존과 Guntrip(1973)의 상호성 이론은 Freud의 추동이론과는 약간의 차별성을 보였다. 그럼에도 불구하고 대상관계 이론가들이 생각하는 관계란 대상을 만족시키고자 하는 일차적 추동에 국한되어 있었으며, 관계를 맺어 가는 것이 일차적 동기라는 입장을 가진 RCT와는 근본적인 차이가 있다.

　Daniel Stern은 엄마-유아의 상호작용을 면밀히 관찰하는 중에 엄마와 아이 사이의 기본적 상호성 개념을 파악하게 되었고 Freud의 추동이론과 좀 더 거리를 두었다(Stern, 1986). Stern은 엄마와 유아 사이의 상호 조절을 기록하며 우리로 하여금 엄마-유아의 교류는 상호 변화와 성장을 포함하고 있다는 것을 알게 해 주었다. 결국 유아는 'tabula rasa'(유아는 마음이 흰 백지와 같은 상태로 태어나 후의 자극으로 형성되어 간다는 것을 뜻하는 라틴어-역자 주) 상태가 아니고 성장도 일방적으로 일어나지 않는 것이다. Stern의 이론은 좀 더 전통적인 정신분석이론에서부터 멀어졌음을 시사한다. 관계 정신분석으로 알려진 Mitchell(1988)은 임상 실습에서 2인 심리학의 개념을 사용하기 시작했다. 또 다른 상호성(Aron, 1996)과 상호주관성(Stolorow & Atwood, 1992)의 개념도 RCT와 많은 공통점을 가지고 있다. 하지만 관계 정신분석학자들이나 상호주관성을 주장하는 학자들은 계속해서 치료의 근본 목적이 해석을 통해 무의식적 갈등을 해소하자는 입장임을 고수하고 있다. 치료 자체를 통해 의미를 창출하는 것이 중요한, 그래서 치료의 목적을 더 풍성한 관계를 경험하도록 돕는 RCT의 입장과는 차이가 있다.

　심리치료이론들이 관계에 더 많이 중점을 두기는 했지만, 그럼에도 분리된 자아를 가장 중요시했다. Kohut의 자기심리학(1984)은 관계적 관점에서 접근되었다고 보이지만, 기억해야 할 것은 Kohut에게 있어서 발달과 치료의 목표는 응집적 자기cohesive self의 성장을 돕는 것이었다는 것이다. '자기심리학'이라는 그의 이론의 명칭이 그의 편견을 가장 잘 드러내 주고 있다. Kohut은 초기에 가장 이상적인 환경에서는 개인이 '자기대상self objects'을 통해 자기응집이나 자존감을 조절해야 할 필요성을 느끼지 않는다고 주장하였다. 자존감 조절과 응집성을 내면화할수록 바람직하다고 하였다. 하지만 후기에 Kohut은 실제 삶에서는 우리 모두 '자기대상'을 지속적으로 필요로 한다고 보았다. 우리는 의미를 만들어 내고, 가까이 느끼고, 건강한 자존감을 유지하기 위해서 서로를 필요로 한다. 그럼에도 불구하고 Kohut의 '이상적인' 세계에서는 이 모든 것들이 내면 심리로 내면화되어야 한다. 여기서 또다시 상대에게 의존하는 것에 대한 편견이 드러난다. 자기대상과 같은 기능을 위해 다른 사람에게 의존할 필요를 느끼는 것은 미성숙한 발달로 여겨지는 것이다. 멋진 공감에 대한 설명이나 타인의 경험에 대해 우리가 '아는 것'을 담은 Kohut의 모델은 상호 성장의 모델이라고 보기는 어렵다. 부모-자녀 관계에서는 부모가 자녀를 위해 제공하는 기능에, 치료 관계에서는 치료자가 내담자를 향해 제공하는 일방적 공감에 초점이 맞춰져 있다. RCT의 주요 개념인 상호 공감의 의미는 찾아보기 어렵다.

　Carl Rogers는 내담자-중심 치료를 만들며 정신분석 모델과는 다른 입장을 가졌다. 그는 진정성, 정확한 공감 그리고 따뜻함을 강조하였고(1951), 이 모든 개념들은 RCT에서도 중요시되는 개념들이다. 흥미롭게도 Rogers를 따르는 후대 학자들은 치료와 변화에 대한 폭넓은 철학적 관점보다는 그의 기법을 강조하였다. Rogers는 후기에 그의 존재 자체로 머물러 주는 것이 치유 과정에서 너무 중요하다고 기록하고 있다. 그럼에도 RCT와 차이가 있는데, RCT는 치료자와 내담자가 맺는 치료 관계로 치유가 일어난다고 본 것이다. Rogers의 내담자-중심 치료와 비교하여 RCT는 '관계-중심 치료'

라고 특징지을 수 있다.

이와 같이 RCT는 자기self에 관한 주요 이론들이 가지는 편견을 언급하며 이 이론들과 RCT를 구분하고, 인간 삶에 관계가 우선적임을 확고히 한다. 또한 상호성이 인간 발달에 갖는 중요성과 힘power의 역동이 관계뿐만이 아닌 모든 정신건강과 사회적 웰빙에까지 미치는 영향을 강조한다. RCT는 경계 안에 존재하는 개인을 강조하기보다는 만성적 단절이 거대한 고통의 요인이고 심리치료의 중심 역할은 인간 고립의 경험을 치유하는 것이라는 입장을 취한다.

관계문화이론에 대한 평가

RCT에 대한 초기의 반응은 다양했다. 많은 치료자들, 특히 여성 치료자는 스톤 센터에서 설명되는 이론을 통해 반향을 느끼게 되었다. Miller의 『새로운 여성심리학을 향하여(Toward a New Psychology of Women)』(1976)가 1970년대 후반부터 1980년대 초반까지 깜짝 놀랄 만한 베스트셀러가 되었듯이, 1990년대에는 『Women's Growth in Connection』(Jordan et al., 1991)가 여성학과 임상 프로그램에서 필독서가 되기 시작하였다. 많은 여성들은 Miller의 책이 "자신의 삶을 변화시켰다."고 하였다. 『Women's Growth in Connection』과 Boston Globe 신문에 소개된 RCT 이론에 대해 치료자들은 다음과 같은 반응을 보였다. "나도 이와 같은 방법으로 심리치료를 해 왔는데, 이것이 옳다는 확신이 없었다. 너무 권위가 없거나 또는 충분히 중립적이지 못하다고 생각했다… 단지 치료 관계와 반응이 효과가 있다는 것만 알았다. 내가 믿는 것을 뒷받침해 줄 이론이 없었던 것이다."

하지만 전통적 분석학파에 속한 이들은 RCT가 치료의 중립성을 훼손시킬 것을 염려하며 불편해했다. 이 이론이 치료자들의 지나친 개입을 필요로 한다는 측면에서 RCT가 '위험하다'고 주장한 것이다. 그들은 특히 '경계'가 너무 느슨해질 것이며 치료자와 내담자의 경계가 너무 쉽게 침범될 것이라 걱정하였다(Miller & Stiver, 1997; Robb, 2006). 또한 치료자의 진정성을 강조하게 되면 경계가 쉽게 침범되어 치료자가 부적절한 개방을 하게 될 것이라 생각하였다. 상호 공감의 개념은 절대 평등을 전제로 하여 같은 역할을 하는 것이라고 잘못 해석되었고, 그렇게 되면 내담자가 치료자를 돌봐야 하는 역할을 하게 될 것이라고 이해하였다.

치료자의 진정성과 반응이 치료에 미칠 앞과 같은 두려움은 관계문화 이론가들이 구체적으로 설명한 몇 가지 중요한 부분들은 고려하지 않았기 때문이다. RCT에서의 치료 관계는 일반 사회적 관계와는 차이가 있다. 치료자와 내담자에게는 몇 가지 다른 기대와 책임을 갖는 치료적 역할이 있다. 그리고 치료를 보호하는 윤리적이고 법적인 사항들이 있다. 가능한 선에서 치료자는 내담자의 웰빙에 책임이 있다. 치료에서 가장 중요하게 관심을 갖는 부분은 어떤 부분이 내담자의 웰빙과 치유에 도움이 되는 것인가다. 치료에서 진정성을 갖는다는 것은 되는 대로 한다는 뜻은 아니다. 치료적 교류를 통해 내담자의 치유에 도움이 될 만한 사실적 감정을 찾는다는 것이다. 진정성은 치료자의 반응을 통해 전달되며, 그 반응이 어떤 영향을 끼치는지 알아차리며, 긍정적이고 성장을 유도하기를 바라며 그 영향 자체에 대해 신경을 써야 한다. 치료자의 반응, 감정적 교류 그리고 진정성은 약간 미묘한 차이가 있고, 복잡하지만 치유를 위해 필요하다. 이런 교류 방법에 참여하는 능력을 발전시킴에 있어, 초보 치료자들은 조심스럽게 감독을 받을 필요가 있다.

RCT가 경계의 의미를 재평가한 것에 대해 어떤 치료자들은 염려하였다. 전통적으로 그랬던 것처럼 강하고 견고한 경계를 강조하지 않으면 내담자와의 관계가 남용되고 침해될 것이라고 생각했기 때문이다. 하지만 그들이 놓친 것은 RCT가 경계의 의미를 재구성했다 (Jordan, 1995). 전통적으로 치료에서 경계를 강조한 것은 유기체를 외부의 악영향으로부터 보호해야 한다는 '분리된 자아'의 개념에 근거를 두고 있었다. 이런 모델에 의하면 경계는 위험한 자극을 침투하지 못하도록 하고 내적 체계와 과정이 유지되도록 하는 구조를 제공하기 때문에, 내담자를 보호하기 위해 치료자가 '명확한 경계'를 유지하는 것이 강조된다. RCT는 모호한 경계 개념 자체를 유도하기보다는 치료자들이 안정성, 명확성 그리고 '아니요'라고 말할 수 있는 능력에 대해 구체적으로 설명한다. 내담자의 웰빙에 대한 치료자의 책임과 그 치료자들에 대한 지지를 공공연하게 나타냄으로써 RCT는 경계의 문제라는 걸림돌에 방해받지 않은 상태에서 치료자와 내담자가 자신들의 치료 관계에 대해 안전하게 이야기할 수 있는 환경을 조성한다. 분리된 자아를 주제로 하는 이론들이 '경계의 문제'를 주로 다뤘기 때문에 RCT는 이 개념에서 다루어진 내용을 좀 더 비평적으로 보고자 하는 것이다.

중립성과 경계에 대해 중요하게 생각한 이론만 RCT에 대해 비판적이었던 것은 아니다. Christian Robb은 "사회의 기능이 변화를 겪는 과정에서 관계 심리학은 악의적으로 묘사되고, 하찮게 여겨졌으며, 근거 없는 것처럼 취급되었다."고 한다(2006, p. xx). 어떤 이론가들은 RCT의 여성학적 기초 때문에 무시하며, 크게 중요하지 않고, '따뜻하며 듣기 좋은' 메시지이며, 결점이 많다고 주장하였다(Aron, 1996). Sommers(1994)는 성역할의 사회정치적 의미를 강조한 것을 비판하였다. 어떤 이들은 이 이론이 지나치게 단순하다고 느꼈으며 복잡한 치료 과정을 충분히 담아 내지 못한다고 생각하였다. 질적 임상 연구 분야 자체를 미심쩍게 여기는 이도 있었으며 RCT를 입증되지 않은 이론으로 여겼다(Sharf, 2008). 이런 비판적 시각이 드러내는 것은 RCT가 기존의 주류적 치료 방법이 가정했던 주장에 위협적이었다는 점이다.

RCT에 대한 여성학의 입장

RCT와 여성학적 접근은 많은 공통점을 가지고 있어서 어떤 여성학자들은 RCT에 대해 매우 수용적이었지만(Belenky, Clinchy, Goldberger, & Tarule, 1986; Brown & Gilligan, 1992; Gilligan, Lyons, & Hanmer, 1990; Jack, 1999; Lerner, 1985), 또 다른 이들은 비판적이었다. 가장 흔한 비판은 RCT가 '본질주의적'이며 남녀의 본질적 차이를 묘사하는 것에 머물러 있다는 점이었다(Barnett & Rivers, 2004). 이 비판의 기저에는 RCT가 다시 여성으로 하여금 전통적이고 한정된 역할을 하게 하는 데 이용될 수 있다는 두려움이 존재하였다. 여성이 돌보는 역할에서 탈피하는 것을 시도했던 이들에게 여성의 관계 능력을 중요하게 여기는 이론은 위협적이었던 것이다(Walsh, 1997; Westkott, 1997). RCT에 비판적이었던 두 여성학자 Barnett과 Rivers(2004)는 관계 이론이 여성을 '하위' 자리에 머물도록 오용될 수 있음을 경고하였다. 그들은 지배적 위치에 있는 계층을 지지하는 그 어떤 이론에도 지속적인 관심을 두기보다는 배제하자는 입장이었다.

　RCT가 자기희생과 이타적 입장을 이야기하는 것에도 불편함을 보였다. 실제로 RCT는 이기심 대 이타심, 자기 대 타인의 이분법에서 벗어나 상호 성장을 포함한 성장에 관심을 둔다. 하지만 어떤 이들은 성역할의 고정관념이 사회 구성적 힘에 의해 생선된 것에 대해 충분히 다루지 않았음을 지적하였다. Westkott(1997)은 여성의 관계에 의한 발달을 다루는 이론은 남성의 특권을 지속시킨다고 주장하였다. 또 한편, 여성심리학 안내서(1990)의 저자인 Johnson과 Ferguson은 "Freud의 친남성적 관점에 대항할 수 있는 포괄적인 친여성적 심리학에 가장 근접한 이론"이라고 언급하기도 하였다(p. 36).

　이러한 본질주의에 관한 비판은 항상 헷갈리게 해 왔다. 처음부터 RCT는 사회 구성주의적 관점에 깊이 뿌리를 두고 있었다. 1976에 출판된 Miller의 주요작인 『새로운 여성심리학을 항하여(Toward a New Psychology of Women)』는 넓은 의미에서 성역할과 권력관계가 여성에 대한 제한된 이미지와 기대를 생산해 낸다고 보는 사회 구성주의적 해석에 근거를 두었다. 힘의 역동이 인간 발달에 끼치는 영향을 중심적으로 다룸으로써, RCT는 집단적 또는 개인적 발달에 환경이 끼치는 영향의 중요성을 구체적으로 언급해 왔다. 차이를 드러내는 성역할에 대한 RCT의 이해는 아동기 발달에 고정관념, 힘의 역동 그리고 표준적 남녀 역할이 영향을 끼쳤다는 것이다. RCT가 갖는 본질적인 이해는, 우리는 모두 일생 동안 관계를 통해 그리고 관계를 향해 성장한다는 것이다. Robb(2006)은 "관계 심리학자들은 여성이 본질적으로 배려적이라는 것이 아니고 배려하는 인간관계가 본질적이라는 것"이라고 말한다(p. xxii).

RCT와 뇌과학

RCT는 뇌 구조, 신경화학 그리고 호르몬의 변화가 심리 발달에 끼치는 중요한 영향에 대해 최근에 관심을 가지기 시작하였다. 남성과 여성의 뇌가 다른 구조를 가지고 있음을 인식한 것이다. 기능을 찍는 MRI 그리고 뇌 구조와 기능에 관한 연구는 인간의 근본적 관계성에 대한 RCT의 초기 개념들을 뒷받침해 준다. 뇌과학 분야의 최근 연구는 인간이 '관계를 맺도록 만들어져' 우리가 태어나면서부터 관계를 맺을 준비가 되어 있고 반응을 원한다고 주장한다. 우리는 또한 반응을 보이며 다른 사람과 관계를 맺도록 태어난다. 우리의 생존은 단지 몸의 자양분을 공급하는 것이 아닌, 정서적·신경학적 성장을 자극하며 반응을 보이는 사람을 찾는 것에 달려 있다. 그렇기 때문에 반응을 받지 못하는 영아들이 쇠약해지고 죽기까지하는 것이다. Eisenberger와 Lieberman(2004)은 인간 삶에 공기, 물, 양식만큼이나 근본적인 것이 관계로 연결되어 있는 것이라고 한다. 관계 속에서 우리의 뇌는 성장하고 관계가 없으면 우리의 신경은 죽게 된다(Chugani, 2001). 영아와 엄마 사이, 친구 사이, 또 치료자와 내담자 사이에서 상호 교류를 통해 서로의 뇌가 변화하는 것이다(Schore, 1994; Siegel, 1999).

거울신경세포mirror neuron의 발견은 우리가 공감 반응과 관계를 원하도록 만들어졌다는 주장을 뒷받침한다. "접하는 감정이 우리 안에 전해지게 하는 거울신경세포는 감정이 전염되도록 하여 감정에 맞춰 그 흐름을 따라가도록 한다."(Goleman, 2006, p. 42) 다른 사람의 행동이나 감정을 보고 있을 때 거울신경세포가 반응을 하는데, 예를 들면 누가 뾰족한 핀에 찔리는 것을 봤을 때 그 아픔이 관찰자에게도 어떤 작용을 일으키는 경우 같은 것이다(Hutchinson, 1999). Goleman은 "타인을 이해하기 위해서 우리는 그 타인과 조금은 같아진다."고 말한다(p. 42).

최근의 뇌 연구는 신경가소성neuroplasticity의 힘을 중요시 여긴다(Begley, 2008; Cozolino, 2006; Doidge, 2007; Schore, 1994). RCT는 가장 중요한 변화와 인간의 성장은 관계에서 비롯된다고 보고 있는데, 관계가 뇌의 변화를 일으킨다는 것이 밝혀졌다(Cozolino, 2006; Goleman, 2006; Schore, 1994; Siegel, 1999). 폭력적이며 상처를 주는 관계는 그 상태에서 사회적으로 적응할 수 있는 기능을 길러야 하기에 안와전두 피질orbitofrontal cortex이 제 기능을 하지 못하지만, 심리치료와 같은 긍정적 관계는 이런 초기 상태가 다시 기능하도록 할 수 있다(Schore, 1994; Siegel, 1999). Schore는 "우리가 가지는 상호 교류는 신경가소성을 통해 뇌를 변화시킨다. 반복적인 경험이 신경세포와 시냅스 연결의 모양, 크기, 수까지 구성한다. 일정 조건을 반복적으로 입력함으로써 주요 관계가 강력하게 형성되어 간다."고 이야기한다(Goleman, 2006, p. 171에서 인용). 뇌과학의 새로운 정보를 이미 존재하고 있는 일련의 구조에 대한 결정적 확신으로 이해하기보다는, 새로운 뇌가소성에 대한 데이터들에서 희망을 발견한다. 뇌도 변화할 수 있고 성장할 수 있는 것이다. 이러한 뇌의 변화에 있어 사람과의 관계가 중요하다고 믿는다. 인간이 정신적 훈련을 통해 뇌의 감정적 패턴을 바꿀 수 있다는 것을 검증한 Davidson은 "우리는 단순화된 결정론적 입장이 허용하는 것보다 우리의 웰빙과 세상에 어떻게 대응할지에 대한 훨씬 더 많은 조절력을 가지고 있다. 이 입장은 우리에게 희망과 낙관적인 메시지를 주지만, 그렇기 때문에 더 많은 책임감을 안겨 주기도 한다."고 썼다(Bures, 2007에서 인용).

요 약

어떤 면에서 RCT는 심리학 공동체의 새로운 구성원이다. 창시자들이 1970년대 후반에 관계와 단절에 대해 연구하며 논문을 발표하기 시작했을 때는 이 이론에 대해 여러 논란이 있었다. 30년이 지난 오늘날, RCT의 여러 개념들은 주요 이론이 됐으며 다른 이론에 적극 통합되기도 하였다. 어떤 관점들은 RCT 이론을 알지 못한 채 유사한 이론을 발전시키기도 하였다. 아마도 RCT가 초기에 소외되었던 이유는 RCT가 여성에 의해서만 발전되고 여성에 관해서만 다루는 이론이라고 여겨졌기 때문일 것이다(예: Aron, 1996). 하지만 RCT는 인간 삶에서 관계에 기반하고 관계를 중점으로 한 인간발달을 강력히 재고한 임상 모델이다. 관계의 중요성, 고립이 주는 고통, 권력의 작용에 의한 단절과 상처 그리고 관계를 위해 프로그래밍된 뇌의 구조를 인정하고 통합했기에 RCT가 아직도 특별하고, 구별되며, 혁명적이기까지 한 이론으로 이해되는 것이다. RCT는 단절된 문화 속에서 살아가는 사람들의 내재된 어려움을 강조하고 있다. 즉, 우리 뇌와 몸은 관계 속에서 성장하도록 되어있지만 우리 문화는 더 독립적이고 자기충족적이어야 한다는 메시지를 보내고 있기 때문이다.

Chapter 03

이 론

관 계문화이론RCT은 인간 삶에서 성장지향적 관계의 중요성을 보다 잘 이해하기 위한 노력으로부터 시작되었다. RCT는 개인적 또는 사회적 차원에서 만성적 단절과 고립에 의해 야기된 고통을 경감시키고, 관계의 회복력을 향상시키며, 사회정의를 구현하고자 한다. Walker은 관계들relationships을 규명하는 관계connection와 단절 disconnection은 "문화 속에서 계급, 신체적 능력, 종교 또는 존재론적 의미를 갖는 해석에 의해 계층화되고, 성별과 인종으로 구분되어진 상황에서 일어난다."고 한다(2002b, p. 2). RCT는 특권, 소외 그리고 문화적 힘의 영향들이 심리 발달에 핵심적이라고 본다. 관계문화이론의 학자들은 "문화를 발달의 전개를 위한 배경 이상의 것으로서, 인간의 가능성을 형성하는 관계적 과정의 적극적 참여자로 간주한다"(Walker, 2005, p. 48). 관계적 발달이 항상 사회적 · 문화적 정체성에 깊이 연관되어 있다는 관점은 RCT의 발전과 적용에 중요한 부분을 차지해 오고 있다.

RCT 모델이 여성의 경험을 보다 잘 표현하기 위해 발전되어 오는 동안, 남성의 심리적 성장 또한 그것을 연구하기 위해 이용된 관점들에 의해 왜곡되어 왔다는 것이 명백해졌다. 남성의 관계를 향한 바람과 욕구는 부인되고 약화되었다. 지배적 문화는 남성이 독립성, 자율성 그리고 개인주의적이고 경쟁적인 성취의 목적을 달성해야 한다고 끊임없이 요구해 왔다. 안전성을 얻기 위한 방법으로 자신이 상처받기 쉬운 것을 부인하고, 강하고 분리된 자아를 갖고자 하며, 타인을 지배하는 힘에 의존하는 것은 남성으로 하여금 막대한 손실을 갖게 하였다(Pollack, 1998). Bill Pollack(1998)은 이를 남성 사회화의 표준적 외상normative trauma of male socialization이라 명명하며, Ron Levant는 이를 '강한', 뻣뻣한 윗입술을 가진, 거친, 엄격한, 여성스럽지 않은 남성상 안에서 교육된 남성의 표준적 아렉시티미아 normative alexythimia(자신의 감정을 인식하거나 설명할 수 없는 특성-역자 주)라고 명명한다(Levant, 1992). 오늘날 RCT는 만성적 단절을 관계로 변화시키고, 남성과 여성을 포함한 모든 개인과 전 사회에 힘을 불어넣음을 통해 남성과 여성의 심리적 경험이 보다 잘 표현되기를 바란다.

핵심 개념

RCT의 핵심 개념은 다음과 같다(Jordan, 2000)

① 인간은 일생 동안 관계를 통해 그리고 관계를 향해 성장한다.

② 분리보다는 상호성을 위한 움직임이 성숙한 활동의 특징을 나타낸다.

③ 관계의 차별화와 정교성은 성장의 특징을 나타낸다.

④ 상호 공감과 상호적 힘 불어넣기는 성장지향적 관계의 핵심이다.

⑤ 진정성은 성장지향적 관계에서 진정한 결속과 적극적 참여를 위해 필수적이다.

⑥ 성장지향적 관계 속에서 모든 인간은 공헌하고 성장 또는 이득을 얻는다. 발달은 일방적 통행이 아니다.

⑦ 관계적 관점으로부터 발달의 목표 중 하나는 일생 동안 향상된 관계적 능력과 역량을 발전시키는 것이다.

상호 공감과 성장지향적 관계들

요약해서 말하면, RCT의 목표는 보다 나은 분리와 독립을 향하기보다는 관계 회복탄력성relational resilience, 상호 공감mutual empathy, 그리고 상호 간의 힘 불어넣기mutual empowerment를 위한 역량의 향상에 있다. 상호 공감은 관계의 성장을 위한 핵심적 과정이다. 두 사람의 관계에서 공감은 두 사람의 반응성을 말하며, 이는 두 사람 이상의 관계에서도 일어난다. 공감을 통해 타인에 의해 영향을 받고 타인에게 자신이 미치는 영향을 봄으로써 개인은 변화와 관계에 대한 가능성을 보게 된다. 따라서 분열되고 받아들여질 수 없거나 또는 위협적으로 여겨졌던 개인 경험의 일부들이 관계 속으로 다시 들어올 수 있게 된다. 단절이라는 보호 전략이 작용할 때, 사람들은 단절이라는 과거의 패턴에 고착된다. 이러한 상황에서는 성장을 위한 공간을 찾기 어렵다. 상호 공감을 통해서 사람들은 관계 속으로 자신을 더욱더 가져올 수 있을 것이라 여기게 된다. 이러한 과정에서 서로 더욱 함께하게 되고, 변화와 배움에 자신을 열게 된다.

성장을 위한 핵심으로서의 관계에 대한 필요는 인간 삶의 핵심적 동기다. 성장지향적 관계에서 사람들은 관계 속으로 적극적인 자신과 진정성을 가지고 임할 수 있게 된다. Jean Baker Miller는 이러한 관계는 풍미감a sense of zest, 자신과 타인 그리고 관계에 대한 보다 나은 이해(명료성), 가치감, 행동할 수 있는 또는 생산적이 될 수 있는 향상된 능력; 보다 나은 관계를 향한 증가된 바람 등 다섯 가지의 결과('다섯 가지의 좋은 것')를 가지고 온다고 설명한다(Miller & Stiver, 1997).

단절

RCT는 단절이 일반적으로 관계 속에서 나타난다고 여긴다. 단절은 한 개인이 어떠한 면에서 타인을 잘못 이해하거나, 무력하게 하거나, 배척하거나, 무시하거나, 상처를 줄 때 일어난다. 일시적 단절acute disconnection은 모든 인간관계에서 빈번히 일어난다. 만약 이러한 단절이 다시 거론되고 변화될 수 있다면, 이는 문제가 되지 않는다. 사실 이는 더 큰 성장을 위한 발판이 된다. 특히 상처받은 약자가 자신의 단절 경험이나 고통을 강자에게 표현하고 강자로부터 관심과 함께 반응을 얻게 된다면, 상처받은 약자는 자신이 타인에게 영향을 줄 수 있다는 '문제' 의식을 갖게 된다. 이는 관계를 강화시킬 뿐 아니라 관계적 능력을 향상시킨다. 따라서 일시적 단절에서 공감의 실패는 관계 속의 신뢰와 강점을 향상시키는 기회가 될 수 있다.

그러나 만약 약자가 자신의 상처나 분노를 표현하도록 격려받거나 허락받지 못한다면, 약자는 자신의 경험을 억압하는 것을 배우게 된다. 이들은 자신을 숨기거나 진정성 없이 관계에 임하는 것을 습득한다. 또한 종종 수치심이나 거리감을 가지고 진실된 성장지향적 관계에서 벗어나게 된다. 더 나아가, 강자에 맞추어 받아들여질 수 있도록 자기 자신을 변형시키게 된다. 이 사람은 자신이 무능력하며 존재감이 없다고 느끼게 된다. 관계 그 자체는 이러한 변화에 의해 약화되고, 또한 만약 이러한 변화가 반복적으로 일어난다면 만성적 단절의 상태로 발전하게 된다. 이러한 상황에서 약자, 즉 상처받은 사람은 자신을 단절의 원인이라 비난하게 되고, 고착과 고립감을 느끼게 된다. 상처받은 사람은 관계 속에 자신의 진정한 경험을 더욱더 반영하지 않게 되며 종종 자신의 감정이나 내적 경험조차 느끼지 못하게 된다. 이러한 움직임은 개인적 차원의 고립과 힘의 박탈을 가져옴과 동시에, 지배의 정치를 유지하게 한다. 이러한 면에서 개인적인 것이 정치적인 것이며, 정치적인 것이 개인적인 것이 되고, 심리학적 패러다임을 바꾸는 것은 사회정의의 활동이 된다.

관계 이미지들

관계 이미지들Relational Images: RI은 관계 속에서 자신의 경험을 통해 만들어 낸 내적 구성들이며 기대들이다(Miller & Stiver, 1997). 관계 이미지들은 삶의 초기에 형성되며 여러 관계에 동반되는데 때로는 성장의 주제가 되기도 하고, 때로는 관계적 과거에 자신을 고정시킴으로써 관계에 대한 기대를 제한하기도 한다. 관계에 대한 기대는 이러한 관계 이미지들 속에 억제된다. 만성적 단절은 부정적 관계 이미지를 이끌어 낸다. 관계 이미지들이 유동적일 때, 이 이미지들은 수정될 수 있고 부적절한 일반화가 일어나지 않는다. 그러나 관계 이미지들이 굳어져 있고 과도하게 일반화되어 있을 때, 이 이미지들은 실제 관계에 깊이 참여하는 것을 방해한다. 이러한 관계 이미지들은 정신역동이론에서 말하는 전이와 유사하게 작용하며 과거로부터 기대감들을 현재에 가지고 옴으로써 현실을 왜곡한다.

Freud가 치료자의 중립성과 객관성이 전이의 발전을 위해 필요하다고 본다면(Freud, 1912/1958), RCT는 '전이' 현상은 모든 관계에 나타난다고 본다. 이러한 관점에서, "재현replication은 그것이 사람들을 '과거에 고착'시키고 현재의 새로운 관계에 참여하지 못하게 할 때 문제가 된다"(Miller & Stiver, 1997, p. 138). 더 나아가, RCT는 치료자의 '중립성'과 거리감이 치료 속에서 새롭고 다른 관계의 경험을 하도록 하는 데 방해가 될 수 있다고 본다. 치료자는 관계 이미지들을 재형성하도록 돕는 일에 적극적으로 참여할 수 있다. "과거 관계 속에서의 관계connections와 단절disconnections의 기억들은 사람들이 치료에 가져오는 관계 이미지들의 내용content과 복합성complexities을 규정짓는다. 이러한 이미지들은 사람들이 일반적으로 관계에 갖는 기대들을 알려 주며, 치료 시 관심의 대상이 된다."(Miller & Stiver, 1997, p. 139)

치료에서 치료자와 내담자는 지배적 관계 이미지의 예외 경험인 모순된 관계 이미지들discrepant relational images을 찾기 위해 노력한다. 만약 핵심적 관계 이미지가 '내가 나의 필요들을 말할 때마다 나는 버려지게 될 것이다'라고 한다면 모순된 관계 이미지는 '내 사촌 Cathy는 내가 그녀를 필요로 할 때마다 나와 함께 있어 주었다'가 될 것이다. '내가 사람들에게 화를 낼 때 그들은 나는 거절함으로써 나에게 보복한다'라는 부정적 관계 이미지는 '내 오빠는 종종 나와 함께 있고 나의 분노를 이해한다'라는 모순된 관계 이미지에 의해 반박될 수 있다. 만약 부정적 관계 이미지들이 절망감과 고립감을 야기한다면, 모순된 관계 이미지들은 그들의 '병리적 확실성 pathological certainty'에 이의를 제기한다. 따라서 이는 희망과 관계가 가능한 기회를 제공하며 치료자는 이 경험이 확장되는 것을 도울 수 있다.

부정적 관계 이미지에 대한 깊이 있는 재조명은 치료 관계에서 공감이 실패할 때 종종 일어난다. 만약 개인이 부정적 관계 이미지들, 상처 그리고 자기비난이 자신의 고통 받은 경험을 강자에게 표현할 수 없을 때 일어난다고 가정한다면, 치료자로부터 이해받지 못했던 고통을 치료자에게 표현하는 것, 그러한 표현이 인식되고 논의되는 것은 이전에 닫혔던 문을 열 수 있게 한다. 이러한 단절의 회복이 치료의 핵심이다. 단절의 회복 과정 속에서 개인의 무의미함, 관계적 무능력감 그리고 고립감이 변하게 된다. 관계에 대한 기대와 신경 회로들neurological circuits은 치료자가 내담자의 변하지 않는 그리고 한계된 관계 이미지들을 부인함으로써 변화될 수 있다. 부정적 관계 이미지들은 변화하게 되고, 관계에 대한 기대는 전환되며, 수치심과 자기비난은 자기공감과 희망으로 바뀌게 된다. 때때로 점증적일 수 있는 이러한 깊이 있는 변화들은 내담자로 하여금 현실감을 가지고 현재의 관계들을 발전시킬 수 있도록 이끈다. 우리는 이러한 상태를 관계적 마음다함relational mindfulness(Surrey, 2005; Surrey & Eldridge, 2007) 또는 관계인식relational awareness(Jordan, 1995)이라고 명명한다.

Jean Baker Miller는 인간을 관계에서 벗어나게 하고 희망을 잃게 하는 관계 이미지의 고정성과 고통을 설명하기 위해 '자책의 고립condemned isolation'(Miller, 1989)이라는 개념을 발전시킨다. 자책의 고립 속에서 우리는 무기력하고, 무가치하며, 외롭다고 느끼고, 자신이 이러한 현실을 만들었다고 느낀다. 개인은 자신의 무력함과 절망에 자신을 탓하며 자기 자신이 본질적으로 무엇인가가 '잘못'되어 있다고 느낀다. 이러한 상황에서 개인은 관계를 이루기 위해 필요한 취약성을 위험에 처하게 두지 않는다. 더 심한 고립에 대한 위협이 너무 크기 때문이다. Miller와 Stiver(1997)는 이러한 상황을 설명하기 위해 핵심적 관계의 모순central relational paradox이라는 용어를 사용한다. 비록 우리는 진심으로 관계를 바라고 필요로 하지만 깊은 관계를 만들기 위해 자신이 상처받을 수도 있다는 생각에 두려워하게 되고 결국 관계에서 자신을 멀리하게 된다. 우리는 자신을 보호하기 위해 관계로부터 자신을 분리시키는 단절의 전략을 발전시킨다. 고립을 피하기 위해 이러한 전략을 이용하지만, 결국 우리 자신에게 고립감과 무존재감을 갖게 한다. Gilligan은 청소년기 여학생들의 연구를 통해 유사한 역설의 개념을 발전시킨다(Gilligan, 1990). Gilligan은 청소년 초기의 여학생들이 문화가 그들에게 규정한 관계들에 자신을 맞추려고 함으로써 자신들의 솔직함과 통찰력을 상실하게 된다고 설명한다. 자신의 내면 경험으로부터의 분리의 극단은 성적·육체적 학대 속에 나타난다(Herman, 1992). 따라서 우리는 이러한 전략들과 그 결과들이 개인적 경험뿐 아니라 사회적 힘에 의해 어떻게 초래될 수 있는지 살펴보려 한다.

지배적 이미지들과 수치심

지배적 이미지들은 또한 고립과 힘의 박탈이라는 패턴을 만든다. 미국 흑인 사회학자인 Patricia Hill Collins(2000)는 특정 집단에게 수치심을 주고 영향력을 빼앗기 위해 사회가 어떻게 지배적 이미지를 만드는가를 연구하였다. 지배적 이미지들은 우리가 누구인지, 받아들일 수 있는 것이 무엇인지, 우리가 할 수 있는 것이 무엇인지 규정짓는다. Collins는 '흑인 하녀, 가모장제, 생활보조금을 받는 어머니'의 표현 같은 지배적 이미지들은 사람들을 그들의 '자리'에 국한시키고 변화가 일어날 수 없다는 생각을 갖도록 유도하는 진정한 거짓말이라고 지적한다. 이렇게 정의된 이미지들은 실제적이며 변할 수 없는 것이라 느껴진다. 사람들이 왜곡된 지배적 이미지라는 바다 속에 깊이 빠져 있다면 자기 자신의 진실을 이해하기가 어렵게 된다. 이러한 사회의 지배적 이미지들은 종종 개인의 관계 이미지의 일부분이 된다. "관계문화적 관점에서 볼 때, 단절 전략들은 통제적 문화의 불평등을 일반화하기 위해 요구되는 왜곡과 허위 정보들을 바탕으로 한 관계 이미지들의 복합체라 할 수 있는 내재화된 억압을 일으킨다."(Walker, 2005, p. 54)

단절 전략들은 수치심과 무가치감을 느낄 때 빈번히 발생한다. 수치심은 심각한 고정화immobilization를 일으키는 요소이며 만성적 단절의 주요 원인이다. "수치심을 느낄 때, 개인은 단절되었다고 느끼게 되고, 자책감을 갖게 되고, 자신이 공감 반응의 가치가 없으며, 사랑받을 수 없는 존재라고 느끼게 된다. 수치심을 갖게 될 때 사람들은 종종 관계에서 벗어나려고 하며, 자신의 영향력과 자신의 경험을 진실되게 표현할 수 있는 능력을 잃게 된다."(Jordan, 2000, p. 1008) 수치심은 사람들이 자신의 '존재'가 무가치하다 느낄 때 나타나며, 만약 사람들이 자신을 더욱 깊이 알게 된다면 자신을 거절하거나 비난하게 될 것이라 생각한다. Tomkins(1987)는 수치심을 인간의 출생부터 존재하며 혐오감 속에 반영되는 본질적 감정이라 지칭한다. 그러나 수치심은 사람들을 지배하거나 영향력을 빼앗아 가기 위해 이용되기도 한다.

수치심은 개인을 침묵하게 만들고 고립시키는 강력한 방법이지만, 이는 또한 소외 집단 구성원들의 고립과 종속을 강화하기 위해 전략적으로, 또한 가시적으로 수치감을 느끼게 하여 그들을 침묵하게 만들고 힘을 잃게 만드는 데 큰 역할을 행사한다. "고립은 억압을 그 자리에 유지시키는 접착제다."(Laing, 1998) 지배 집단의 권위는 현실에 대해 다른 관점을 가진 자들을 침묵하게 하는 보편화된 힘의 전략에 의해 유지될 수 있다. 겉보기에는 경미한 폭력이나 명시되지 않고 논의되지 않은 무례한 태도 같은 경미한 공격들은 이러한 힘의 전략들이 가지고 있는 불가시성의 일부다(Jenkins, 1993). 특히 지배 집단이 비지배 집단들의 차이점 표출과 공개된 갈등을 확실하게 전략적으로 막는다면, 차이점들은 결함의 신호로 명시되게 된다. 소외 집단들은 종종 지배적 집단의 기준을 내재화하고, 내재화된 억압(Lipsky, 1984)은 수치심과 무기력감을 지속시키는 역할을 한다.

집단 수치심에서 가치감으로의 전환은 동성애자의 자부심gay pride, 흑인의 자부심black pride, 여성의 힘girl power과 같은 응집적 집단 자긍심cohesive group pride의 형성에 기반을 둔다. 공동체의 형성 또는 동참은 소외에서 오는 영향력의 상실로부터 개인을 보호한다. 수치심에서 벗어나기 위한 이러한 집단적 힘 불어넣기의 움직임 속에서 사람들은 타인에 의해 존중되어야 할 그들의 존엄성과 권리를 주장한다. 『우리가 가지고 있는 피부(The Skin We're In)』라는 책에서 Janie Ward(2000)는 흑인 여성 청소년들에게 그들을 침묵하게 하고 고립시키기 위한 지배적 백인 규범들에 대한 건전한 저항healthy resistance, 해방적 저항을 적극적으로 이끌어 내는 것의 중요성에 대해 저술하고 있다. Ward는 지배적 현실들에 대해 비평적으로 사고하는 것, 이들을 명명하는 것 그리고 대안을 가지고 이들에 반대하는 것의 중요성을 언급한다. 이는 긍정적 정체성을 갖게 하고 '지배적 이미지들'의 가림막이라 할 수 있는 변하지 않는 현실THE reality 또는 변하지 않는 진실THE truth에 대한 생각을 약화시킨다(Collins, 2000; Robinson & Ward, 1991; Ward, 2000).

치료자는 사람들이 상담에 가져오는 수치심의 다양한 근원을 인식하는 것이 중요하다. Helen Block Lewis는 수많은 심리치료 회기의 축어록을 통해 내담자들이 표현하는 가장 일반적인 감정이 수치심이라는 것을 발견하였다(Lewis, 1987). RCT는 개인에게 성장지향적 관계를 위한 능력을 갖게 하는 것이 주된 관심이며, 이를 위해 억압적 사회 구조를 포함해서 개인 능력에 영향을 주는 모든 힘을 고려하기를 격려한다. 인종 정체성 모델racial identity models(Helms & Cook, 1999)은 인종이나 민족의 정체성이 얼마만큼 사회에 깊이 연관되어 있는지 그리고 이러한 정체성이 관계적 가능성들에 얼마나 많이 영향을 주는지를 이해하는 데 도움을 준다. 지배적 이미지들과 수치심은 발달에 지대한 영향을 준다. "문화가 개인을 어떻게 인지하는지에 따라 발달의 과업을 수행하는 개인의 능력에 영향을 준다."(Walker, 2005, p. 50) 치료자와 내담자는 지배적 이미지들, 수치심, 억압의 영향에 대해 함께 논의하고 이해할 수 있다. "건강한 발달은 관계 속의 행동action-in-relationship을 통해 일어날 수 있다는 RCT의 기본 전제를 바탕으로, RCT는 발달의 잠재력은 개인이 성장과 가능성의 범위를 제한하는 제한적 객관화로부터 자유롭게 기능할 때 향상될 수 있다고 본다."(Walker, 2005, p. 50) 수치심과 억압의 역학은 두 사람의 관계에도 나타날 수 있으며, 특히 가해자가 피해자에게 수치심을 주고 고립시키는 학대의 상황에서 일어난다.

핵심적 관계의 모순은 한 개인이 어린 시절 상처받고 굴욕과 모욕을 느꼈을 때, 관계를 향한 갈망이 향상되는 반면, 동시에 진정한 관계를 위해 필요한 자신의 취약성이 안전하지 않다는 지나친 생각을 하게 된다는 것이다. 따라서 관계를 향한 증가된 바람과 관계를 갖는 것에 대한 향상된 두려움이 동시에 존재하게 된다. 상담에서 치료자가 이러한 핵심적 관계의 모순을 존중하는 것이 매우 중요하다. 치료자는 단절 전략을 존중해 주고, 왜 이러한 단절 전략이 발전되었는지 그리고 어떻게 이러한 전략이 개인으로 하여금 반응이 없거나 폭력적인 관계에서 살아남을 수 있게 도왔는지 깊이 있게 이해해야 한다. 치료자는 자기보호를 위해 단절이라는 전략이 생겨났다는 것을 볼 수 있도록 돕는 상황적 공감contextual empathy을 통해 내담자의 상황을 깊이 있게 '느껴야' 한다. 동시에 치료자는 비록 일시적일지라도 진정한 관계를 향한 내담자의 깊은 바람을 이해해야 한다. 치료자의 지지를 바탕으로 한 만성적 단절로부터 관계로의 전환 과정에서 내담자는 단절 전략을 포기하기 시작하게 되고, 그 과정에서 어느 정도의 상처받음과 위험을 경험해야 한다. 내담자가 단절 전략들을 포기하기 시작함으로써 치료자는 향상된 친밀감과 진정성 뒤에 나타나는 안정성을 위한 오랜 패턴이라 볼 수 있는 내담자의 갑작스런 단절을 예상해야 한다. 부분적으로 치료의 작업은 과거의 관계 이미지들부터 현재의 관계 가능성을 구별하는 것을 포함한다. 또한 내담자의 지나치게 일반화되고 고정된 부정적 관계의 이미지들에 불확실성uncertainty을 가져오는 것을 의미하며(예: '만약 내가 나의 약점을 보이면 나는 두들겨 맞게 될 거야.' 라는 생각에서 '나는 내 의부가 나를 때렸을 때 어렸기 때문에 약했지만, 내 현재의 남자친구는 나와 항상 함께 있다.' 로의 전환), 새로운 관계들을 경험하도록 돕는 것을 말한다.

관계 회복탄력성과 관계적 용기

RCT는 단절 이후에 관계로 돌아올 수 있는 능력과 도움을 구할 수 있는 능력인 관계 회복탄력성을 발전시키는 것이 개인의 치료에 결정적이라고 여긴다. 그러나 치료자는 내담자에게 관계를 강요하지 않도록 주의해야 한다. 치료자는 천천히 그리고 신중하게 안전한 관계를 경험하도록 돕고 공감적 실패들을 활용해야 한다. 치료자는 건강한 관계와 내담자가 옳은 것이 무엇인가의 확실성이 치료자 자신의 이미지를 '좋은, 공감적 치료자'로 유지하는 것보다 중요하다는 것을 보여야 한다. 따라서 치료자는 적극적으로 단절과 관계적 실패를 활용하고, 치료자가 올바르지 않았을 경우 사과해야 한다. 치료자는 공격받았을 때 내담자에게 모든 문제가 있다고 가정하지 않고(예: 상담 시 치료자가 자신의 반응들을 설명하기 위해 '투사 동일시'를 하지 않고), 치료자 자신의 방어기제를 다룬다. 치료자는 자신의 한계와 자신의 단절이 타인에게 상처를 주거나 영향을 줄 수 있다는 것을 검토하는 데 열려 있다. 상호 공감을 통해 치료자는 내담자가 치료자에게 영향을 미친다는 것을 알 수 있도록 한다. 치료자는 내담자가 어떻게 그들이 타인에게 영향을 주는지 알아야 할 필요가 있고, 그러한 영향을 통해 긍정적 결과들을 가져올 수 있도록 자신을 표현하는 방법을 재조명하는 것이 중요하다는 관계적 정보의 중요성을 안다. 치료자는 신화적인 해석들을 제공하고, 애매한 갈등들을 풀어 주며, 내담자의 희미하고 제한된 관점을 명료하게 보게 하는 아폴로 신전의 난해한 신탁delphic oracles 같은 이들이 아니다. 치료자는 자기인식과 개방성을 가지고 오도록 도전하는 치료에 참여한다. 치료자는 종종 관계와 단절의 지속적 과정에 참여하게 되고, 관계의 흐름에 빛을 줄 수 있도록 노력한다.

관계 회복탄력성과 관련된 개념은 관계적 용기relational courage다. 이 개념은 극도의 위험에 맞서는 개인의 내재적 특징(예: 가파른 절벽을 오르거나 비행기에서 낙하산을 타고 뛰어내리는)으로서의 일반적 용기의 개념과 다르다. 전통적 의미의 용기는 강한 사람은 위험한 상황에서 두려움이나 불확실성을 갖지 않을 것이라는 기대를 가져온다. 이는 남자다움의 대중적 묘사들에서 보이는 위험을 감수하는 것과 두려움에 대한 도전을 지나치게 강조한다. RCT에서의 용기는 두려움을 느끼는 것과 어려움을 이겨 나가기 위해 도움을 구하는 것을 포함한다. 따라서 RCT는 서로에게 용기를 북돋아 주는 타인에 대한 격려의 중요성에 대해 언급한다. 격려encouragement는 힘 불어넣기empowerment와 유사한 개념으로 어려운 상황에 직면했을 때 신뢰와 희망을 발달시키고 유지하도록 돕는다.

　RCT는 심리치료에 있어 통합적 접근을 제시하며, 동시에 사회적 행동을 위한 개념적 틀로서 사용된다. 임상 상황에서 RCT의 임상가들은 치료를 통해 개인의 고통을 치유하고자 한다. 그러나 RCT는 또한 사람들이 겪고 있는 고통의 많은 부분에 일조한 사회적 상태를 변화시키고자 하는 더 큰 사명을 갖고 있다. RCT의 과제는 역기능적 문화 상태에 사람들이 적응하도록 변화시키는 것이 아니라 관계 속에서 치유받고 또한 관계에서 타인을 치유할 수 있도록 힘을 불어넣는 데 있다. 관계 속 성장의 파급효과는 종종 관계적 가치들을 중심으로 만들어진 연합들이나 공동체들을 형성함으로써 사회적 변화에 참여하는 것으로 퍼져 나간다.

Chapter 04
치료 과정

관 계문화 치료자들은 임상 실습에서 고립의 경험을 감소시키고, 자기공감과 타인에 대한 공감 능력을 키우며, 개인을 둘러싼 환경과 제한적 문화와 관계 이미지를 중요하게 생각하고자 하는 열망을 가지고 있다. 관계문화이론RCT 치료는 어떤 특별한 치료 기술과 기법보다 상호 관계의 질과 태도를 더 중요시 여긴다. RCT 치료는 내담자의 고통에 철저한 존중radical respect을 보이며 중요한 관계에서 상처받았을 때 생존 기술을 어떻게 나름 발전시켜 나갔는지를 존중한다. RCT 치료는 고립과 만성적 단절이 고통을 일으키며 치료를 받도록 하는 주원인이라고 본다. 치료 관계를 통해 자책적 고립condemned isolation의 경험을 감소시키고 치료 밖에서의 내담자 자신의 삶을 전환하도록 돕는다. 이 목표를 이루기 위해 내담자 개인의 삶과 치료 관계에서 연결되고 단절되는 측면을 예의 주시한다. 상호 공감은 안전감을 주며 내담자로 하여금 방어적 단절에서 성장지향적 관계로 나아가게끔 하는 주요 정보를 제공한다.

진 단

RCT 치료에서도 진단 시 내담자 정보를 수집하는데, 여기에는 나이, 학력, 주거형태, 경제적 배경, 인종, 직업 그리고 다른 관심사들이 속한다. 하지만 현재와 과거의 주요 관계에 더 큰 중점을 두며 내담자가 도움을 요청하는 이유와 목적에 대해 초기에 파악하려 한다. 내담자들이 치료를 받는 호소문제 이외에도 RCT는 내담자가 발달시킨 강점과 대처 방법, 또 그 대처 방법의 효율성과 타인에 대한 공감 및 자기 자신의 경험에 대한 자기공감의 정도를 분별한다. RCT는 내담자의 회복탄력성, 특히 관계 회복탄력성relational resilience을 중요시 여기는데, 내담자가 누구에게서 지지를 받고 또 스스로가 지지를 제공하는 대상이 있는지, 즉 '소속감'과 '존재감'을 느끼며 사는지와 주요 관계에서 진정성을 가질 수 있는지를 진단하는 것이다. 개인의 영향력을 약화시키는 개인적이며 사회적인 요인들도 진단한다. 내담자는 소외된 계층에 속해 있는가? 그 계층 내에서는 서로 지지하는가? 내담자는 마이크로 공격micro-aggression(소소한 차별적 행동-역자 주) 또는 직접적 차별과 사회적 배타성의 희생양이었던 경험이 있는가? 개인적으로나 사회적으로나 트라우마를 당한 적이 있는가?

내담자가 갈등을 건설적인 관계로 경험하는지에 대한 여부도 중요한 진단 요소다. 내담자의 관계 이미지를 탐색하기 위해 매우 유용한 부분이다. 치료자는 내담자가 상대의 입장과 갈등을 겪을 때 자신의 요구와 관점을 전달할 수 있는지를 본다. 만일 이것이 어렵다면 그것은 현재 관계의 한계인가 아니면 관계 이미지의 한계인가? 치료자는 다른 주요 관계로 영향을 끼치는 지배적 관계 이미지를 우선으로 내담자가 가지고 있는 관계 이미지를 탐색해 봐야 한다. 관계 이미지는 관계에 대한 기대로 현재 대인관계를 전반적으로 안내하는데, 이 기대는 '만일 내가 ~한다면, 상대는 ~할 것이다'의 문장으로 표현될 수 있다. 예를 들어, "만일 내가 그들에게 무엇을 바라면, 그들은 나를 함부로 대할 것이다." 현재 작용하고 있는 관계 이미지에 대한 작업과 더불어 관계 이미지가 현재 관계에 얼마나 전반적으로 적용되고 있는지, 또 그에 기반을 둔 관계에 대한 기대가 얼마나 확고한지에 대해 주위를 기울인다. 현재의 관계가 초기 관계를 반복하는 것인지 아니면 성장의 가능성을 제시하는지를 치료자는 분별하려 한다. 모순된 관계 이미지discrepant relational image도 파악하는데, 이는 부정적 이미지를 '병리적으로까지 확신하는 것'에 도전하여 희망과 변화의 중심이 되게 하는 이미지다.

단절 전략strategies of disconnetion을 살피는 것은 진단의 또 다른 초점이다. 가장 먼저 물어야 하는 것은 이 방법이 어디서 왔는가 하는 것이다. 어떻게 습득되었는가? 어떤 목표로 형성되었는가? 어떤 효과를 발휘했는가? 그다음에는 이 방법이 현재 얼마나 유용한가에 대한 통찰이 있어야 한다. 물론 단절에서 관계로 나아가는 데 있어 개인이 처한 환경이 큰 영향을 끼칠 수 있지만, 그래도 선뜻 도움을 청할 수 있고 개인의 취약성과 자기인식을 개방하는 것을 포함한, 개인이 가지고 있는 관계 능력을 전체적으로 파악하는 것은 중요하다. 존재했을 지도 모르는 트라우마와 관계를 침범당한 경험을 인식하고 있는 것은 치료자로 하여금 만성적 단절의 정도와 방어적인 가식성을 진단할 수 있게 도와준다. 치료자는 수치심을 들게 했을 요인에도 주의를 기울이지만 이런 부분을 직접적으로 탐색하지는 않는다. 관계 패턴에 관심을 기울일 때는 상실과 애도의 경험에도 관심을 가져야 하는데, 관계의 어떤 부분이 희망과 가능성을 갖도록 했으며 또 어떤 부분이 애도와 깊은 실망감으로 이끌었는지를 살핀다.

이런 이유에서 RCT 치료에서 진단의 목표는 사회의 지배적 이미지를 포함한 관계 이미지의 원인과 기능을 파악하고 내담자의 경험을 이끌어 온 대처 방법을 규명하여 치료 관계의 기초를 쌓는 것에 있다. 물론 진단을 요하는 경우가 많지만, RCT 치료는 기존의 진단 방법에 대해 이의를 제기했고, 특히 Axis II의 진단 방법을 가급적 사용하지 않도록 하였다(Jordan, 2004). 진단 시 개인의 성격 특성을 위주로 탐색하기보다는, 더 큰 사회적 환경이 개인의 발달에 미쳤을 영향을 염두에 두면서 관계 역동과 만성적 단절의 패턴에 주의를 기울일 것을 RCT는 권장한다.

내담자를 진단하는 과정과 치료 관계 전반에 걸쳐 치료자는 어느 상황에서 단절이 촉진되고 그것이 치료 관계에 어떤 영향을 주는지를 포함하여 치료자 자신의 단절 전략에 대한 인식을 발달시키는 것이 중요하다. 자신의 관계 이미지가 어떻게 틀에 박히고 고착되었는지에 대한 자기인식을 갖는 것도 도움이 된다. 치료자는 치료에서 단절의 신호를 알아차리는 민감성을 가져야 한다. 에너지가 저하되거나 의미를 모르겠는 부정적 감정을 보이는가? 두려움, 분리, 말하기 어려워하는 것 또는 강하고 갑작스러운 분노가 있는가? 치료자는 무엇이 이런 반향을 불러일으키는지 항상 알 수는 없지만 때때로 "방금 뭔가 좀 달라진 것 같은데 당신도 그렇게 느꼈나요?"라고 지적하면서 이런 현상을 내담자와 이야기해 보는 것도 도움이 된다. 진단 단계는 이러한 민감성과 알아차림을 개발하기에 좋은 출발점이다. 관계를 찾아 주거나 강요하는 것이 치료자의 책임은 아니기 때문에 이 탐색 과정에서 부드러움과 여지를 두는 것이 중요하다. 내담자의 안전감을 주의 깊게 살피고 치료 관계를 안전하고 성장지향적 환경으로 만들어 나가는 역할은 탐색 단계와 전체 치료 과정에서 치료자에게 계속적으로 요구되는 책임이다.

치료 과정: 관계의 회복

RCT는 종종 치료가 예상치 않았던 방향으로 어렵게 진행될 수 있음을 염두에 두어야 함을 강조한다. 우선적으로 치료 관계는 취약성을 드러내어 탐색할 수 있을 정도로 안전해야 한다. 치료자는 내담자가 도움 요청을 주저하는 이유를 함께 탐색하고 내담자의 단절 전략이 갖는 지혜로운 측면을 존중해 준다. 치료자는 내담자의 단절 전략을 해체하려 하기보다는 이를 존중하고 그 필요성을 인정해 주어야 한다. 내담자의 어린 시절 관계들이 심하게 방치되었거나 침해당한 경험이 있다면 치료에서 이 과정은 난해하고 오랜 기간 지속될 수 있다. 치료자와 내담자와의 관계가 계속해서 어린 시절의 관계를 답습하지 않고, 치료 관계는 어린 시절 경험과 다르다는 것이 경험되고 인식되면 변화가 일어날 수 있다. 내담자가 자신과의 관계에 기여한 이들을 새롭게 이해할 수 있게 되면, 관계는 더 의미 있게 다른 특성을 띨 수 있다.

　　외상후 스트레스 증후군PTSD을 앓고 있는 리사는 나의 혼란스러운 표정을 보고 "나를 그냥 내쫓아 버리거나 죽여 버리고 싶죠?" 하고 물었다. 그녀와 나는 이런 위기를 몇 번 경험했기 때문에, 내가 좀 혼란스럽긴 했지만 당신을 절대로 내쫓거나 죽이고 싶지는 않았고, 오히려 당신의 이야기를 더 잘 이해하려다 보니 좀 긴장이 되어 혼란스러워졌다고 이야기했을 때, 나를 이해해 주었다. 그녀는 화가 날 때마다 내가 그녀를 반복적으로 성추행했던 분노에 찬 자신의 아버지와 같지 않다는 것을 알 수 있었다. 그녀의 관계 이미지는 달라지기 시작했고 특별한 정서 경험이 그녀 안에 자리 잡기 시작했다.

　내담자가 더 진정한 관계를 기대하기 시작하면 관계에서 일어나는 부득이한 갈등을 다룰 때 조금 더 위험을 무릅쓰게 된다. 내담자는 회피나 진정성 없는 모습으로 대응하기보다는 다른 의견을 제시하거나 동의하지 않음을 말하기 시작하며 관계에서 자신감과 회복탄력성을 더 발전시킨다. 관계에서의 자신감은 자신이 다른 사람에게 영향을 줄 수 있는 능력이 있다는 것을 알게 되는 것이며, 관계에서 변화를 야기하게 되고, 관계에 속한 구성원 모두의 웰빙에 영향을 끼치는 것을 의미한다. 자기 자신은 별로 중요한 사람이 아니고, 영향을 끼치지 못하며, 관계 능력이 없다고 한정지었던 부정적 관계 이미지는 자신의 관계 능력이 서서히 드러나는 것을 보면서 변하기 시작한다. 치료자에게 영향을 끼치는 자신의 경험을 보고, 느끼고, 알게 되면서 내담자는 다시 관계적인 사람이 되어 간다.

관계 인식relational awareness과 마음다함mindfulness이란 관계에 속한 구성원들과 관계 자체를 조율하고 자각하는 인식을 갖는 것이다. "이 관계에서 필요로 하는 것은?" "관계가 얼마나 굳건한가?" "어떤 요소들이 관계에 도움을 줄 것인가?"와 같은 질문들이 이제 중요해진다. 함께 이런 과정을 거치는 것이 치료 작업의 일부다. 그 과정에서 불확실한 지점에 머무는 것은 말처럼 쉽지 않다. 이 치료 과정에서 "확신에 도달하려 하기보다는 궁금함을 가지고 들어라."는 말이 도움이 될 수 있겠다.

단절 경험에 관한 작업을 잘 끝내고 좋은 결과를 낸 후에도 나에게 비판적이었던 리사가 하루는 내 사무실에 들어와 이렇게 말했다. "우리 관계는 우리 둘 다에게 쉽지 않았죠? 당신이 내 여동생의 이름을 틀리게 불렀고 나는 그걸로 이제 치료를 끝내야겠다고 생각했죠. 내가 당신에게 줬던 점수가 점점 깎이고 있다고 이야기했고 당신이 나에 대해 무심한 것 같다고도 이야기했죠. 당신은 바로 사과를 했고 나는 그걸 믿으려 했죠. 그리고 내가 당신에게 별로 똑똑한 것 같지 않다고, 당신은 내가 지금껏 만난 가장 멍청한 치료자라고 했던 것 기억하세요? 나는 그 말이 당신에게 도움이 되는 말이라고 생각했잖아요, 왜. 그래요, 우린 참 많은 일을 겪었는데 아직도 이렇게 당신과 마주앉아 이야기를 나누고 있네요… 참 놀랍죠? 우리 둘 다 좋은 점수를 받을 만하네요." 이런 인정 자체가 치료 과정에서 얻어진 한 성과다.

치료 과정이 진행되면서 치료자와 내담자는 자기가 다른 관계에서 배제시켜야만 했던 자신, 경험, 감정을 포함시킬 수 있는 관계를 만들어 간다. 치료자는 내담자가 관계를 갈망하는 것과 관계에서 벗어나 있기 위해 쓰던 방법들을 포기하는 것이 얼마나 공포스러운지를 공감해야 한다. 치료자가 기존에 실패한 관계에 대해 정서적인 주의를 기울여 작업하게 되면 고립감은 줄어들고 우리의 뇌는 달라지기 시작한다. RCT가 관계 교정경험corrective relational experiences이라고 말하는 과정에서 기존의 관계 이미지가 치료 과정을 거치면 신경세포가 달라질 가능성이 커지게 된다(이 책의 5장 참조).

치료자는 치료 과정에서 내담자가 가지고 있는 단절 전략이 실제로 어떻게 위협당하는지를 인식하는 것이 도움이 된다. 기존의 단절 전략을 포기하는 것이 얼마나 위태롭게 느껴지는지를 치료자가 존중하는 것이 중요한데, 왜냐하면 기존의 전략 부재는 내담자로 하여금 무력하고 혼란스럽게 느끼게 할 수 있기 때문이다. 치료자는 내담자가 진정성 있고 안전한 관계를 갈망하는 동시에 단절 전략을 포기하기 두려워하는 핵심적 관계의 모순central relational paradox을 보이는 것에 공감하도록 도와준다. 밀고 당기는 이 과정으로 난국이 초래되기도 한다. 이런 난국에 처하게 되면 치료자는 다시 한 번 내담자의 안내에 따라 움직이는 것을 중요하게 여기며, 관계를 향한 노력들을 적절하게 조절할 수 있도록 도와주되 내담자의 두려움을 자극하지 않도록 주의를 기울여야 한다.

RCT 치료의 결과는 무력한 느낌 없이 관계나 소속감을 갈망할 수 있는 더 큰 자유를 포함한다. 단절의 방법들을 점차 줄여 가게 되고, 내담자는 자신이 혼자가 아니라는 것을 알기에 자신의 감정을 품을 수 있는 용기가 더 커진다. 복잡한 감정과 인지가 '흑백논리'를 대신하게 된다. 병리적 확신이 바뀌는 것이다. 내담자는 자신의 삶에서 가지고 있는 관계적 자원을 찾아가는 확장된 감각을 발달시킨다. 느낌이 통하고 지지받으면 내담자는 관계가 주는 '다섯 가지 장점'을 느끼기 시작하는데, 여기에는 활기, 가치, 생산성, 명료함 그리고 관계에 대한 지속적인 욕구 등이 속한다. 내담자의 관계 기술들이 바뀌어가면서 그들의 에너지가 더 생산적이고 창의적인 일을 하도록 움직일 수 있다.

RCT 치료가 내담자의 관계 욕구를 더 증진시키기 때문에, RCT는 본질적으로 유대관계나 공동체 형성을 염두에 두는 접근 방법이다. 만성적 단절과 힘의 박탈을 야기하는 사회정치 세력을 인식하지만 개개인은 자신을 제약하는 사회 상황에 도전할 수 있을 정도의 힘이 생겼다고 판단한다. RCT는 힘을 박탈하는 사회 상황에 단지 '적응'하는 데 목표를 두지 않는다. 개인이 단순히 그 상황에 적응하게 하는 접근법은, 분리를 다루는 심리학에 내재되어 있는 사고처럼, 어떤 문제가 '개인에게' 있다는 생각을 지지하게 되는 것이다. 이와는 반대로 RCT 치료는 파괴적인 사회 관행을 밝혀내고, 혼자서 변화를 가져오기에는 불가능하다는 사실에 공감하며, 협력자의 필요성과 중요성을 재강조하고, 수치심을 느끼게 하는 관행을 집단 또는 개인 차원에서 거부할 수 있는 방법을 찾아 개인의 안녕과 사회정의를 창조해 나가는 방법을 지지한다. Janie Ward(2000)는 흑인 여성 청소년들과의 작업에서 고립시키고 힘을 박탈하는 문화구조에 저항하는 멋진 모델을 제시한다. 고립과 수치심을 감소시킴으로써 에너지를 관계와 건설적 공동체를 더 활기차게 만들어 나가는 데 이용한다.

요약하자면, 다른 치료적 접근들과 비교하여 RCT 치료는 구체적인 기술들을 장황하게 제시하지 않는다. 치료자의 기술 발달을 위한

RCT의 주된 공헌은 상호 공감과 내담자를 향한 철저한 존중 그리고 만성적 단절과 잘못된 관계 이미지를 이해하고 그것을 회복하는 작업을 계속 강조하는 것이다. 치료 관계 그 자체가 회복과 변화를 가져오게 된다.

치료 요소

단절과 관계작업

교류관계에서 한쪽의 말이 상대방에 의해 경청, 이해, 반응이 이루어지지 않고 공감 반응도 없다면 단절이 일어난다. 단절은 관계에서 수시로 일어난다. 대부분 사소한 경우에 일어나며 어떤 면에서 이 단절은 더 깊은 관계를 만들어 가는 출발점이 될 수도 있다. 상처를 받았거나 '피해를 입은' 편이 자신의 느낌에 대해 말할 수 있고 이 말이 공감으로 받아들여진다면 단절은 더 강한 관계로 연결될 수 있다. 단절을 회복하는 작업을 한다는 것은 더 깊은 이해와 회복을 위한 노력에 헌신한다는 것이다. 치료자들이 전적으로 공감적이고 배려심이 있으며 자신의 삶에서 불확실함, 고난, 위태로움을 뛰어넘는 이미지를 고수하기에 급급하다면, 이것은 내담자들이 가장 솔직하고 가장 취약한 상황일 때 내담자들을 단념하게 할 수 있다. 내담자가 치료자에 대한 의구심이나 비난의 소리를 높이는 위험을 감행할 때 치료자가 자신이 모든 상황을 잘 감당할 수 있어야 하고 항상 옳아야 한다고 생각한다면, 치료자는 '내담자가 나를 자신의 아버지와 착각하고 있다' '내 분석을 거부하고 있다' 또는 '내담자가 자신의 분노를 나에게 표출하고 있다'는 식으로 내담자의 솔직함을 감소시키거나 거리를 두는 방법을 취하게 된다. 내담자가 누군가로부터 상처를 받았을 때 치료자가 그 경험에 공감하는 것은 어렵지 않다. 하지만 내담자에게 상처를 준 것이 치료자 자신이라 여겨질 때, 치료자는 방어나 비난 또는 단념하지 않기 위해 특별히 노력해야 한다.

치료자가 잘 조율하지 못한 것이 단절이 일어난 이유라고 여겨진다면, 치료자는 지금 일어나는 상황에 머무르기 위해 최대한 노력해야 하고 불평과 내담자가 받은 상처에 대해서 인정할 것을 RCT 치료에서는 제안한다. 이 방법이 내담자가 경험한 것을 방어적이지 않게 수용하는 반응이다. 내담자가 어린 시절 다른 사람으로부터 상처받았거나 힘들었을 때 아마도 받지 못했을 반응을 보여 주는 것이다. 치료자가 기억하지 못하는 일이나 집중도가 떨어지는 순간에 대해 사과할 수 있고 잘 이해하지 못한 부분에 대해 언급하며 다시 돌아가서 더 잘 이해하고자 노력할 수 있다. 공감이 일어나지 않을 때 먼저 물어야 할 질문은 다음과 같다. '다음에는 어떤 일이 일어나야 하는가?' '치료자의 자존감이나 자아보다 내담자에 대한 이해와 내담자의 회복이 더 중요하다는 관계적인 환경이 제공되는가?' '치료자가 내담자를 진실되게 이해하고 그 경험에 함께할 만큼 헌신할 수 있는가?' 내담자가 치료자의 한계와 잘못된 점에 대해 언급할 때 치료자가 그 피드백을 잘 수용하고 고쳐 나가려 한다는 메시지를 주면 만성적 단절이 뒤따를 필요가 없다. 과거의 경험들과는 다르게 내담자가 관계에서 수치심이나 방어적 비진정성을 느끼지 않아도 되고 치료자가 함께해 줌으로써 내담자도 자신의 경험에 머물러 있을 수 있게 된다. 이러한 관계 개선이 회복할 수 있게 하고 희망을 다시 되살아나게 한다.

사례: 관계에 머무르기 위한 노력

20세 여성인 다이아나는 나에게 있어 가장 도전적인 내담자인 동시에 내게 큰 깨우침을 준 스승이기도 했다. 나를 만나기 전에 그녀는 벌써 여러 치료자를 만나 치료를 받았었다. 어떤 치료자는 그녀를 '포기'했고, 어떤 치료자는 그녀는 너무 '틀에 박히고 냉정하다'는 이유로 다른 치료자들을 해고하기도 했다. 나는 그 당시에 다이아나가 입원해 있는 정신병동에서 임상 실습 중이었다. 그녀는 어느 정도의 희망과 조심성을 가지고 치료를 시작했다. 그녀가 나에게 실망하기까지는 그다지 오랜 시간이 걸리지 않았다. 내가 너무 상투적이고 '고고'하다고 했다. 그녀는 내가 자신을 이해하지 못하는 부분을 금방 알아챘고, 내가 공감을 보여 주지 못할 때 다이아나는 그녀를 치료했던 이전의 치료자들에게 전화를 걸어 내가 했던 '바보 같은' 말을 해 주곤 했다. 그녀가 전화를 했던 그 치료자들은 나의 이전 임상감독이기도 했다. 다이아나는 내 실수를 즉각 알아챘기에 그 임상감독들을 식당이나 다른 곳에서 마주치면, 그들은 다이아나가 자신에게 전화를 걸었다고 이야기해 주며 약간 놀란 채로 정말 내가 그런 말들을 다이아나에게 했었는지를 (실제로 그런 이야기들을 했다면 정말 얼토당토 하지 않다는 표정으로) 나에게 물어보곤 했다. 물론 그 말들은 실제로 내가 다 한 말들이었다.

나는 수치심, 노출된 느낌, 다이아나가 내 실수를 너무나 많은 사람에게 드러낸 것에 대한 짜증으로 가득 찼다. 친절하고 공감하는 치료자로서의 나의 이미지가 본질적으로 도전받고 있었다. 내 자신이 단절하고 싶은 충동과 씨름해야만 했다. 나는 방어적이었고 다이아나가 보이는 이런 패턴을 이해하지 못하고 있었다. 처음에는 매우 전통적인 사고방식 때문에 그녀의 이러한 행동들이 나를 향한 분노에서 비롯된 것이라 이해했다. 그녀에게 함께 이 문제로 이야기해 볼 것을 권유했다. 아마도 나는 내 약점을 들춰내는 일을 좀 멈출 수 있는 방법을 찾고 있었던 것 같다. 하지만 시간이 갈수록 나는 다이아나가 매우 지적이고 효과적인 방법으로 이 치료를 지속하고 있다는 사실을 깨달았다. 트라우마 생존자인 그녀에게 닫힌 문 뒤에서 힘 있는 자(치료자)에게 자신의 취약성에 대해 이야기하도록 초대받는 이 상황은 어떤 면으로도 안전한 상황이 아니었던 것이다. 심지어 이는 그녀를 다시 자극하는 상황이었다. 그녀는 닫힌 문 뒤에서 성적 학대를, 그것도 꽤 믿을 만한 힘 있는 자(의붓아버지)에게 당했다. 치료라는 환경이 그녀에게 안전감을 주지 못했다. 내가 실수를 하거나 충분히 공감하지 못하게 되면 그녀는 편도체가 납치amygdala hijack된 것 같은 경험을 했다. 다른 말로, 다른 이들이 볼 땐 작은 실수도 그녀에게는 자신이 현재 안전하지 않으며 결국엔 침범당할 것이라는 암시라고 여겼던 것이다. 그렇기 때문에 작은 실수에도 민감하게 반응했던 것이다.

이런 느낌에 대해 다이아나는 번뜩이는 반응을 보였다. 닫혀 있는 문 뒤에서 이루어지는 치료를 가지고 나와 "내 말 좀 들어 봐요. 이것 좀 봐요. 내 치료자가 하는 말과 행동 좀 보세요. 이 관계에 증인이 좀 되어 주세요."라고 말한 것이다. 이렇게 함으로써 그녀는 치료를 지속할 수 있는 안전감을 느낀 것이다. 내가 이 역동을 힘겨워하고 이런 의미를 오랜 시간 보지 못하는 동안 그녀는 이 상황이 주는 공포감을 극복하기 위해 그럴 수밖에 없었다는 것을 점차 이해하게 되었다. 내가 결국 이 점을 이해하고 내 불확실성, 수치심, 지나치게 개방된 느낌을 넘어서서 그녀의 필요와 그녀의 안전을 도울 것이라는 점을 보여 줬을 때 다이아나는 비로소 우리가 오해와 실패를 극복하기 위해 함께 작업할 것이라는 점을 믿을 만큼 안전하게 느끼기 시작했다. 공감을 받지 못한다고 느낄 때도 극도의 경계심을 더 이상

갖지 않아도 되었다. 또한 그녀는 필요시에 증인을 불러들일 수 있음도 알고 있었다.

　다이아나와 나는 치료 과정에서 경험했던 아픔, 실망 그리고 단절에 대해 이야기할 수 있을 만큼의 신뢰관계를 형성하였다. 그녀는 치료를 도울 수 있을 만큼 안전한 관계를 만들기 위해 엄청난 노력을 했던 것이다.

　치료 과정에서 치료 안과 밖에서 일어나는 단절의 경험을 다루는 능력은 매우 중요하다. 사람들이 자신에게 반응하지 않는 것이 익숙한 내담자로 하여금 다시 그 반응 없음의 경험을 하도록 내버려 둔다든지, 관계를 형성하는 것이 안전하지 않게 느껴지는 내담자에게 인간관계를 맺도록 강요하는 것은 바람직하지 않다. 관계를 맺고자 하는 열망과 함께 단절의 방법 또한 공감적이지 않은 환경에서 본인의 취약성을 보호하기 위해 생겨났음을 인정해야 한다. 단절의 경험들은 중요하게 다루어져 이후의 변화 가능성을 효과적으로 확장시켜 나갈 수 있도록 준비되어야 한다. 이것은 때로 구체적인 단절의 패턴들을 짚어 주는 것을 의미하고, 또 어떤 때는 말없이 내담자가 자신의 취약성에 머무르도록 하는 것이다. 자신이 유독 취약하게 느껴질 때는 그 어떤 말도 수치심을 유발할 수 있다. 치료자가 생각 없이 오해로 또는 방어를 통해, 내담자에게 상처를 줄 때 내담자는 그 상처에 대해 이야기할 수 있어야 한다. 상처를 준 것을 인정하거나 사과하는 것을 통해 치료자가 내담자에게 상처를 주어서는 안 된다는 점을 확실히 할 뿐만 아니라 어떤 때는 이런 오해가 생기기도 한다는 점을 짚고 넘어갈 필요가 있다. 치료자는 자신이 내담자에게 아픔을 준 것이

괴롭다는 것을 표현해야 한다. 이렇게 하는 것이 오히려 감정을 자유롭지 못하게 하거나, 내담자로 하여금 치료자를 돌봐야 하는 상황을 야기한다고 자주 언급되던 것과는 반대로, 상처 준 것을 인정하는 것이 오히려 치료자가 그만큼 관심이 있고 치료자 자신의 취약성을 보여 줄 만큼 강한 의지가 있다는 점을 보여 주는 것이다.

만성적 단절로 고통받거나 부정적 관계 이미지를 가지고 있는 사람들은 자신이 소외된 것을 자기의 책임으로 돌리곤 한다. 자신의 결함 때문이고, 소외된 상황을 스스로 야기했으며, 자기는 나쁘고 지루하며 사랑받을 가치가 없다고 생각한다. 그래서 단절이 치료 상황에서 벌어지면 치료자가 자신의 책임을 인정하는 것이 중요한 것이다.

한번은 그 당시 내가 진행하고 있던 큰 과제로 마음이 상당히 분주해 있었다. 그때 만나고 있던 내담자가 일기를 쓰는 것이 그녀에게 얼마나 중요한지에 대해 이야기하고 있었다. 그 이야기를 들으면서 온전히 집중하기가 어려웠고 약간 갈팡질팡하고 있었다. 그녀에게 "오늘 대화가 좀 명료하지가 않네요."라고 말하자 그녀는 재빨리 "내가요? 아니면 당신이요?"하고 응답하였다. 내 집중도가 떨어짐으로 인해 그녀는 외로움을 느꼈고, 내가 점점 상황에서 멀어지고 있었음을 바로 그 순간 내담자의 도움으로 느낄 수 있었다. 나는 내가 요즘 좀 분주했다는 것을 그리고 그것이 그녀로 하여금 외로운 소외감을 느끼게 했을 수도 있겠다는 사실을 나눴고, 아마도 그래서 그녀가 일기장을 더 의지했을 수도 있었음을 이야기했다. 내가 왜 분주한지에 대해 상세히 말할 필요는 없었다. 이것이 경험을 인정하는 것과 전적인 개방의 차이다.

관계가 어떠했든지 또는 어느 방향으로 가고 있었든지, 단절이 일어나면 관계는 변하기 마련이다. 불확실함이 존재하게 되고, 불안과 두려움도 동반된다. 이 상태는 가능성과 위험 부담을 동시에 안고 있는데 관계가 더 단단해지거나 혹은 고통과 두려움으로 차단될 수 있다. 반응도 존재하지 않고 관계가 어떠해야 한다는 이미지도 없을 때, 또 착각에 의한 확신에만 매달려 있을 때, 치료자와 내담자는 열려 있는 관계에서 벗어나 서로의 차이점과 각각의 이미지를 지키는 것에만 급급해진다. 상황이 안전하지 않다고 느껴지면 적절한 자기보호 방법이 대두된다. 열린 호기심과 배움을 얻는 데 있어 이 관계가 얼마나 안전할지를 실험해 보는 위험을 감수할 수 없다면 서로를 향해 나아갈 수 없다. 그때에 물어야 할 질문들은 '지금 이 관계에서의 어려움을 어떻게 할까?' '이 어려움을 함께 이겨 나가기 위한 충분한 상호성과 안전함이 우리에게 존재하는가?'다. 이런 질문에 묻고 답하는 것을 통해 치료자와 내담자는 관계에서의 어려움을 다루는 새로운 본보기를 만들어 낼 수 있다.

공감 작업

공감은 관계 이미지를 재구성하고 관계를 형성해 갈 때 매우 중요하게 작용하는 요인이다. 공감은 매우 복잡한 인지-정서적 기술인데, 다른 사람 입장이 되어 볼 수 있고, 같은 감정을 느끼며 다른 이의 경험을 이해할 수 있는 능력이다. 관계에서 느낌의 경험을 관장하는 것이기에 중요하며 그렇기 때문에 치료에서 치유를 경험하기 위해 없어서는 안 될 요소다. 어디서부터 감정이 시작됐는지를 물으며 감정의 원인을 규명하는데 이는 내담자의 경험이 갖는 의미도 더 명확하게 하도록 도와준다. 공감은 치료자와 내담자의 경험 간극을 줄여 주기도 한다. 공감은 단지 내담자를 더 잘 이해하기 위한 기술이 아니라 상호 공감의 경험을 통해 내담자의 고립 경험을 변화시켜 가는 것이다. 내담자는 외로움을 덜 느끼게 되고 치료자와 더 함께한다는 느낌을 가지게 된다. 이런 공감과 반향의 경험은 치료자와 내담자 사이에서 뇌의 반향을 활발히 일어나게 하는데(Schore, 1994), 뇌의 전체적 조망과 기능이 달라지게끔 하기도 한다. 결과적으로 고립과 소외의 경험을 등록하는 뇌 부분의 자극이 감소하고 공감 반응을 가능하게 하는 뇌 부분이 활성화된다. 안와 전두 피질Orbitofrontal Cortex은 상당히 유연하여 관계의 다른 경험들에 영향을 받게 되어 있다. 치료에서 공감 반응은 새로운 뇌의 경로를 개발해 기존의 익숙한 자극을 변화시킬 수 있다.

상호 공감은 공감이 치유를 증진하고 고립감을 감소시키는 변화를 만들어 내기 위해서는 내담자가 치료자의 공감 반응을 보고, 알고, 느낄 수 있어야 한다는 이해에 기반을 두고 있다. 만성적 단절은 혼란을 가져다주고 상대방, 더 나아가 모든 타인으로부터 공감 반응을 받을 것이라는 희망을 잃어버리게 한다. 한 사람(치료자)이 공감하는 관계에 자신을 온전히 가져옴으로써 다른 사람(내담자)이 새로운 반응을 습득하며, 관계가 실패할 것이라는 오래되고 고착되고 과장된 기대를 뒤엎을 수 있다.

존중을 기반으로 한 상호 공감은 치료자와 내담자 두 사람이 서로에게 주는 영향을 알게 한다. 내담자의 감정을 향한 치료자의 반응은 내담자가 다른 사람에게 '느낌'을 전달하고(이해받고) 영향을 끼친 직접적 경험이 된다. 내담자가 어머니의 고통스러운 죽음을 기억하며 눈물 흘릴 때 치료자가 함께 눈물이 맺히고 있다는 것을 알게 될 때, 내담자는 자신의 아픔이 받아들여지는 것을 느끼며 본인의 아픔이 의미가 있다는 것을 알게 된다. 그리고 내담자는 덜 외롭고 덜 절망적이 된다. 이와 다르게 기존의 관계에서 내담자는 반응 없이 막힌 것 같은 경험을 했을지도 모르지만 이제는 자신이 다른 사람에게 정서적으로 영향을 준다는 것을 알 수 있다. 이 관계를 통해 자신과 상대방 그리고 관계에 대한 신뢰가 깊어지고 개인과 관계가 주위를 변화시킬 수 있다는 것을 알게 된다. 내담자의 인지능력도 더 명료하고 창의적으로 살아난다. 성장지향적 관계는 따뜻하고 만족감을 주는 관계에만 누에고치처럼 머물러 세상으로부터 멀어진다는 것이기보다는, 세상과 타인의 웰빙에 더 기여하는 것이다.

분리된 자아 모델은 외부의 재료들을 '습득'하여 분리된 자아의 웰빙을 형성하는 것을 지나치게 강조한다. RCT는 한 사람이 성장하기 위해 상대의 성장에 흠집을 낼 필요는 없다고 주장한다. 관계지향적 관계에 참여한다는 것은 상호 성장을 의미한다. 자기 자신과 상대에 대한 공감이 확장된다. 과거 관계에서 지나치게 개인화되고 왜곡된 이해가 전환되기 시작한다.

어머니로부터 언어적 학대를 당했고 어머니가 보이는 거부감을 내가 '나빠서' 그렇다는 의미로 받아들인 내담자가 자신의 어머니도 학대와 방치의 경험에서 회복하지 못했다는 것을 서서히 알기 시작했다. 어머니를 더 정확하게 공감하게 되었을 때 어머니가 내담자에게 한 행동은 내담자에게 했다기보다는 어머니 자신의 한계와 부정적 이해와 관련 있다는 것을 알게 되었다. 이에 따라 내담자는 나쁘고, 짜증나고, 사랑스럽지 못하다는 자기인식을 단념하기 시작했으며, 어머니에 대해 정확하게 이해하기 시작했고, 자기공감을 발달시켰다. 자기혐오와 자기거부 대신 어머니의 폭력적 행동 이유를 차마 알 수 없는 작고 어린 아이로 자기 자신을 이해하기 시작했다. 어머니가 더 좋은 어머니이지 못했음이 슬프고 화가 나기도 했다. 하지만 더 이상 자기 자신이 문제라는, 그래서 버려졌다고는 생각하지 않았다.

공감은 보통 다른 사람을 향하는 것이라고 생각하지만 자신의 경험을 공감하는 것이 가능하며, RCT는 이를 자기공감self-empathy이라는 개념으로 설명한다(Jordan, 1983). 자기공감 능력을 발달시키는 것은 치료에서 변화를 가져오는 주된 요인이다. 자기공감에서 내담자는 공감적 의식과 태도로 자신의 경험을 견뎌 나간다. 그리하여 자신의 감정을 판단하고, 비판하고, 거부하기보다는 자신의 감정과 함께 머무르며 감정을 발달시킨 과정에 대해 공감하게 된다. 수치심과 단절을 다룰 때 자기공감은 매우 강력한 도구가 된다. 자기비난적이며 자기혐오를 표출하는 내담자를 만날 때 치료자는 내담자에게 자신의 경험이 아닌 친한 친구의 경험이었다면 이 상황을 어떻게 이해할지 물을 수 있다. 어린 시절 자기를 괴롭히던 오빠에게 맞서지 못한 자신을 탓하는 내담자라면 치료자는 내담자에게 그 당시의 자신을 상상해 보면서 얼마나 작고 약했는지를 상상해 보도록 할 수 있다.

자기공감이 부족한 트라우마 생존자를 치료할 때 회복이 시작되는 치료 과정에서 내담자를 트라우마 생존자 집단상담에 참여하도록 하면 도움이 된다. 이런 집단에서는 자신의 학대 경험에는 공감적이기 어려웠던 내담자도 다른 사람의 경험엔 공감이 되기 때문이다. 그러므로 트라우마 생존자인 내담자가 다른 생존자가 학대를 당할 때 얼마나 작고 약했는지를 '알아차리게' 되어 크게 공감적으로 반응한다. 시간이 지나면서 상대와 나의 공통 면모를 인식하게 되고 어린 시절의 자기들 또는 어른으로서 어린 시절 트라우마의 고통, 상실감, 수치심을 안고 있는 자기들 모습에 공감한다. 그러므로 이 집단상담에서는 상대에 대한 공감이 자기공감으로 연결된다. 어떤 때는 다른 집단원이 "다이앤, 너는 켈리가 자기의 학대 경험을 나눌 때는 마음을 쓰고 공감하면서 너 스스로에게는 너무 가혹하구나! 안 그래?"와 같은 말로 자기공감 능력을 발달시킬 수 있게 적극적으로 용기를 줄 것이다.

자기 자신의 경험과 상대의 경험에 대한 공감을 발달시키는 것은 자신의 경험을 상대의 경험보다 낮게 여기거나 무시하는 것이 아니다. 오히려 RCT는 나 또는 타인, 이기심 또는 이타심의 양극 구조에서 멀어지려 한다. 상대에 대한 공감은 자기에게 상처를 주는 행동을 용납하거나 인정하는 것이기보다는 그런 상처 주는 행동으로 몰아간 그 사람의 한계를 발견하고 그 발견 자체에 안도감을 갖는 것이다. 이로 인해 관계를 통해 성장하는 데 있어 핵심적인 역할을 하는 관계 이미지와 자신의 가치 수용에 큰 변화를 경험하게 된다.

관계 이미지 작업

상호 공감을 통해 부정적 관계 이미지를 버리거나 수정하는 것은 치료에서 가장 핵심적인 경로다. 안전한 관계를 지향하는 데 놓여 있는 장애물을 치료자와 내담자가 함께 제거하기 위해 노력해야 한다.

이 과정을 통해 내담자는 현재 관계에서 더 잘 머무르고 반응할 수 있게 된다.

상호 공감의 힘을 이용하여 자신을 제한하는 관계 이미지를 해체하는 것 외에도, 치료자는 기존의 이미지와 다르게 더 긍정적인 의미와 기대를 담고 있는 모순된 관계 이미지discrepent relational images를 탐색한다. 예를 들어, 기존의 부모와의 관계에서 형성된 이미지처럼, 자신이 지나치게 활달하거나 화를 내면 '나쁘다'며 거부당한다고 생각하는 것이 내담자의 기본적 관계 이미지일 수 있다. 하지만 이 내담자의 삼촌은 그녀의 높은 에너지와 분노를 표현할 수 있는 것에 대해 괜찮다고 생각했을 수도 있다. ("내가 지나치게 활달할 때 나의 삼촌은 재밌어 했고 나를 지지해 주었다."고 느끼는) 이러한 모순된 관계 이미지가 불합리함과 갈등을 견디지 못하게 했던 자신의 경험을 다시 만날 수 있도록 연결점이 되어 줄 수 있다. 내담자가 모순된 이미지를 시험해 보면 경험이 더 쌓여 현재 관계에 더 잘 머무르게 된다. 한 사람이 이런 변화를 경험할 때 어떤 관계가 '안전'하고 내담자의 경험을 수용하는지, 또 어떤 관계는 기존의 제한적 이미지를 강화시키는지 구별하도록 돕는 것은 매우 중요하다. 사람들은 대개 익숙한 것에 끌리기에 우리는 주로 기존의 고착된 관계 이미지를 강화시키는 사람과 관계를 맺곤 한다. 치료자가 한없이 낙천적이어서 마치 모든 관계가 내담자가 새롭게 발전시킨 패턴을 수용하며 지지할 것이라고 믿게 해서는 안 된다. 치료자가 내담자를 도와 새로운 관계에 대한 기대를 효율적이며 안전하게 전환시킬 수 있는 방법을 개발하도록 한다. 새로운 관계 이미지로 관계를 새롭게 시작하면 더 수월하기는 하지만 기존의 관계는 이런 변화를 거부할 수 있기에 새로운 관계 이미지를 기존의 관계에 적용해 보는 것도 필요하다. 치료자는 내담자가 이런 변화를 맞춰 가는 데 도움을 줄 수 있다.

치료 관계 자체는 내담자가 자신의 관계 이미지를 재탐색하고, 의문을 제기하고, 재구성할 수 있는 기회가 된다. '내가 어떤 요구를 하게 되면 나의 취약점이 노출되어 신체적 폭력을 당할 수도 있다'는 관계 이미지를 가졌던 성인이 치료에서 그에 상응하는 관계 이미지를 배워갈 수 있다. 즉, '내가 어떤 요구를 하게 되면 내 요구는 존중되며 안전하게 그 필요를 채울 수 있는 가능성도 있다'가 그것이다. 부정적 관계 이미지에 대한 병리적 확신이 치료를 통해 의문시되고 다른 결과의 가능성도 찾게 한다. 관계에 대한 희망이 생기게 된다. 이런 상황에서 내담자는 서서히 조심스럽게 자신의 단절 전략을 버리게 되고, 취약성이 어느 정도 동반되기는 하지만 가능성을 더 높이는 결과를 내오게 된다. 어떠한 경우에도 진실되게 머무르며 반응할 수 있는 치료자의 능력은 내담자를 안심시킨다. 관계가 아직은 조심스러우나 그 조심스러움이 존중되는 상황에서 관계를 향한 작은 걸음을 걷는다면 신뢰는 더 확장되어 간다.

치료자의 반응과 진정성

개방적이며 신뢰가 가도록 치료자가 머물러 주면, 상호 공감의 핵심처럼 치료자의 인지와 감정적 반응이 내담자의 오랜 습관과 두려움을 이완시키는 데 도움이 된다. 내담자가 변화되면서 치료자도 변화된다. Jean Baker Miller(2002)는 "어느 관계에서든지 성장이 된다는 것은 양측 또는 관련된 모든 사람이 변화되는 것이다."라고 적고 있다(p. 4). RCT는 모든 변화가 상호적이어야 하며 상호 관계가 확장되어야 한다고 주장한다. 내담자만 취약성을 경험하는 것이 아니라 치료자도 영향을 받고 변화되며 심지어 취약성을 경험하는 것에도 열려 있어야 한다. 이럴 때는 내담자와 마찬가지로 치료자도 안전하게 느껴야 한다. 변화를 위해 내담자와 치료 관계에 머물러 주는 것은 치료자의 역할이다. 이 관계는 단순히 일상적으로 대응하는 즉흥적인 관계가 아니다. 치료자는 자신의 역할, 책임, 상담자의 윤리를 감당해야 하고 내담자가 자신의 취약성과 희망을 찾아갈 수 있도록 돕는 고귀한 과업이 있다. 치료자는 항시 임상적 판단력을 실행해야 한다.

많은 치료자들이 내담자보다 우위를 차지하고, 통제하며, 강력하고, 완벽하다는 것을 보여 주면서 자신들의 힘과 안전감은 치료자의 권위주의적인 태도에서 나온다고 착각한다. RCT는 이와 반대로 힘은 좋은 관계를 맺는 데서 나오며 역설적이게도 관계에서 가지는 취약성이 힘과 용기를 경험하는 데는 필수적이라고 주장한다. 용기는 고립감 속에서 생성되는 것이 아니라, 관계 속에서, 또 다른 사람의 지지 속에서, 관계에 깊은 닻을 내림으로써 발전된다(Jordan, 1990).

치료자는 진정성과 함께함으로써 관계의 여건들을 만들어 간다. 치료적 진정성은 관계에 대한 중요한 정보를 내담자에게 제공한다(예를 들면, '내가 다른 사람에게 끼치는 영향이 보이기 시작한다' '나에 대해 제어 능력이 생긴 것 같고 내 존재감이 느껴진다'). 감정적 반응이 치료 과정을 틀어지게 할 것 같아 두려워하기보다는, RCT 치료는 반응을 보이는 것이 관계의 단절과 부정적 관계 이미지를 치유하는 데 있어 가장 중요하다고 본다. 반응을 한다는 것은 치료자의 인생 경험이나 치료

중 일어나는 갑작스러운 감정적 반응까지 다 나눠야만 하는 것이 아니지만, 신중한 감정적인 투명함은 내담자로 하여금 본인이 치료자에게 끼친 영향을 이해하도록 하며 나아가 다른 사람에게 끼친 영향도 생각할 수 있게 한다.

전통적으로 분석에 입각한 정신역동 치료는 전이의 문제를 중요하게 강조하였다(Freud, 1957; Gill, 1983; Racker, 1953). 전이신경증이나 전통적인 '빈 스크린'을 유지하는 방법을 오늘날에도 지지하는 치료자는 많지 않지만, 이 편향된 시각은 많은 치료 모델에 뿌리 깊이 남아 있다. 이러한 편향된 시각에서는 치료자가 정서적으로 반응하는 것은 잠재적으로 해롭다. 즉흥적으로 반응하는 치료자는 내담자의 안전과 치료를 조율해야겠지만, (윤리적 기준에 맞추어) 내담자의 웰빙과 성장을 중심적으로 생각하는 반응적인 치료자는 고립감으로 힘들어하고 관계에 대해 부정적 기대를 갖는 내담자에게 유용한 정보를 제공하게 된다. 임상적 판단은 항상 반응에 대한 정보를 제공한다. Irene Stiver는 도움이 되는 '한 가지 중요한 것'을 찾는 일에 대해 언급하였다. 이것은 물론 중요한 말이 하나만 있다는 것은 아니었고 치료자들이 진정성이 존재하는 영역에서 벗어나지 말라는 안내였다. 내담자와 치료자는 다른 역할이 있으며 취약성과 힘이 다를 수 있다는 사실은 인정한다. 치료자의 책임은 내담자를 돕고 관계와 관계에 속한 사람들의 안전을 보호하는 것이다. 치료에서 상호성은 힘의 평등함 또는 역할의 동일함을 의미하지 않는다.

치료자가 자신이나 자신의 반응에 주의를 기울이지 않아야 하는 경우들이 있다. 예를 들어, 내담자가 설명하는 고통을 듣고 눈물로 반응하는 것은 중요한 피드백을 제공할 수 있으나, 어떤 때 그 눈물은

Chapter 04 치료 과정

불편함이나 두려움을 주어 유용하지 않을 수 있다. 언제 어떻게 투명한 공감을 보일 것인지 판단할 때 다음과 같은 물음을 계속 물어야 한다. 성장을 도모할 것인가? 치유를 촉진할 것인가? 언제 어떻게 진실함을 나눌까 판단할 때, 치료자는 우리가 예기 공감anticipatory empathy이라고 부르는 개념의 안내를 받는다. 예기 공감은 내담자를 치료하며 습득한 정서적 지식에 의거해 상대의 반응을 예상해 보는 것이다. 내담자를 경청하고 관찰하여 내담자에게 다른 요소들이 어떻게 작용하는지에 대한 정서적 감각을 치료자가 발달시키는 것이다. 내담자가 어떤 반응을 보이는지에 대한 치료자의 '감각'과 더불어, 내담자의 반응 유형이 내담자의 반응에 정보를 제공한다. 치료에서 진정성을 갖는 것은 예기 공감을 신중하게 사용하는 것에 좌우된다. 치료자의 반응을 사용하여 내담자가 덜 외로우며 더욱 유용하게 여기도록 도와준다. 치료자가 반응을 보인 후에 다음 반응을 결정하는 데 도움이 되도록 내담자의 반응을 유심히 관찰한다.

예기 공감이 잘못될 수도 있다. 무슨 상황에서도 완벽하게 공감을 하는 것이 치료자의 역할은 아니다. 공감이 잘 안 될 때 치료자가 내담자를 노골적으로 비난할 수도 있고('내가 전적으로 집중하지 않는다고 말하는 내담자는 당신 하나입니다. 이것은 과연 당신의 어떤 부분을 드러내는 걸까요?'), 덜 직접적으로 생각할 수도 있다('내담자는 나에 대해 화가 난 것이 아니고 사실은 어머니에 대한 분노를 투사한 것이다'). 이 두 가지의 경우가 다 아니어도 된다. 내담자는 치료자에게 진심으로 화가 났을 수도 있고, 치료자는 이 분노를 촉진할 만한 그 무엇을 했을 수도 있다. 또는 예전 관계에서도 이와 같이 화가 났던 근본적인 이유가 있을 수도 있다. 치료자가 이 모든 가능성에 열려 있을 때, 내담자는 덜 판단받으며 덜 수치스럽다고 느낄 수 있다. 정작 중요한 것은 치료자가 공감을 실패했을 때 어떻게 대처하느냐다. 치료자가 내담자로 하여금 그 실패를 알아차리고 아픔과 화를 표현하도록 하는가, 아니면 방어하며 자기보호적인 태도가 되는가? 어떤 치료자들은 '내가 놓친 게 아니고, 내담자가 잘못 듣는 거야. 내담자의 저항이야.'라고 생각할 수도 있다. 이 태도는 내담자를 무시하며 치료 관계의 역동이 부족하게 되는 데 기여하게 된다. 치료자가 섣불리 이론과 확신에 차게 되면, 내담자 개인, 내담자의 특별한 경험 그리고 특별한 순간들에 공감적으로 반응하기보다는 정서적으로 방치하게 될 가능성이 있다.

사례: 치료자의 반응

24세 바바라는 매우 지적인 백인 여성이었으며, 나와 만나기 전에 이미 여섯 명에게 치료를 받은 경험이 있었다. 각각의 치료에서 바바라는 자신이 잘 인정받지 않고 경청을 받지 못해서 화가 나는 난관이 생겨 좋은 결말을 맺지 못했다. 두 번을 제외하고는 바바라가 먼저 치료를 종결하기를 원했다. 두 번의 경우도 치료자는 바바라의 치료가 불가능하다며 치료를 '포기'했다. 바바라는 몇 번의 경우 조현증, 경계선 장애, 양극성 장애라는 진단을 받았으며 극단적으로 고립된 삶을 살았다. 내가 그녀를 치료하기 시작했을 때 그녀는 자살 시도의 실패로 입원한 상태였다.

바바라가 나에게 왔을 때 일말의 희망을 버리진 않았지만(내가 다른 치료자들보다 조금은 덜 '엄격'하다고 들었기 때문에), 그렇다고 대단한 기대를 한 것도 아니었다. 하지만 치료 초기에 그녀는 벌써 내가 다른 치료자들과 별반 다르지 않다고 결론을 내려 버렸다. 처음 몇 주 동안 그녀는 긴 침묵을 지켰으며 가끔 이전 치료자들에 대해 이야기하거나, 이 치료가 이전의 치료들과 다르지 않을 거라는 두려움을 내비치곤 했다. 나는 두려움을 버리라고 다그치지 않았으며, 지금까지 힘든 과정을 거쳐 왔고, 내가 다른 치료자들보다 훨씬 더 그녀를 잘 이해하겠다고 장담은 할 수 없지만 노력할 마음은 있다고 말해 주었다. 하지만 그녀가 나를 정말 신뢰해야 할 이유는 사실상 없다고도 했다.

하루는 자기 팔에 상처를 내서 그 피가 그대로 묻은 티셔츠를 입고 치료 회기에 나타났다. 그리고는 내가 자기를 '쫓아낼지' 궁금해했다. 나는 스스로 낸 상처를 보는 것이 불편하다고 말했다. 그녀는 누가 피를 흘리며 사무실로 들어오는 것을 내 직장동료들이 보게 되는 것이 불편하냐고 물었고, 나는 그 생각이 전혀 안 든 것은 아니지만 무엇보다 그녀가 아파하고 있고 그 아픔을 나에게 전달할 필요를 느낀 것 같다고 대답했다. 바바라는 그 대답에 처음에는 의기양양해 보였고(내 '체면'에 대한 부분을 시인했을 때) 좀 지나서는 전반적으로 안도하는 것 같았다(아마도 그녀가 이미 나에 대해 생각하고 있는 것을 나도 말했기 때문일 것이다). 그 이후에 우리는 어떻게 그녀가 자신의 아픔을 나에게 말할지와 내 반응을 신뢰할 수 있을지에 대한 진실한 대화를 서로 나누었다.

그 회기 얼마 후 바바라는 어린 시절 삼촌에게서 성폭력을 당한 것과 어떻게 엄마를 포함한 그 아무도 자신의 이야기를 믿지 않았는지에 대해 말하기 시작했다. 이전 치료 과정에서는 한 번도 말하지 않은 사실이었다. 그녀는 이 말을 해 놓고는 다시 극도로 날카로워졌으며 다시 침묵하기 시작했다. 나는 그녀가 거리를 유지하는 것을 인정했다. 다시 바바라가 말을 꺼냈을 때 그녀는 나의 모든 것을 비난하기 시작했다. "당신은 너무 약한 것 같아요. 너무 거리를 두려고 하고, 내가 당신을 필요로 할 때 없어요. 당신은 너무 우유부단하죠. 나에 대해 신경을 쓰기나 하나요? 내가 만난 치료자 중에 당신이 최악이에요." 어떨 때는 나도 대응하고 싶었고, 어떤 경우에는 방어적

이기도 했다. 내가 화가 나서 그녀에게 나도 당신을 돕고 싶지만 내가 하는 것이 하나도 도움이 되지 않는 것 같아 너무 혼란스럽다는 기분을 전달했다. 그리고 나는 그녀에게 내가 바바라 당신을 탓한 것 같아 미안하다고 말해 주었다. 집에 있을 때도 당신이 걱정될 때가 있다고 말하고는 이내 후회하고 말았다.

(반응하는 것 그리고 내담자의 연결됨과 단절 방식에 방어적이지 않게 반응하며 존재하기가) 말처럼 쉽지는 않았어도, 바바라와 나는 그녀의 아픔, 외로움 그리고 두려움을 통해 서서히 우리의 길을 찾아가고 있었다. 내가 실패한 회기라고 생각했던 경험을 통해, 또 그녀가 분노로 인해 외부로부터 자신을 차단하는 경험을 더 자세하게 탐색하게 됐을 때 우리는 비로소 변화와 움직임을 감지하기 시작했다. 2년간의 매우 불안한 치료 회기 후에 조금씩 안정감을 찾아갔다. 자신이 조금이라도 약한 면을 내보이게 되면 그로 인해 폭력이나 학대를 당할 수 있다는 주된 관계 이미지가 조금씩 달라지기 시작했다. '진실된' 감정을 보이면 공감과 돌봄을 경험할 수 있다는 가능성을 경험하기 시작했다. 어쩔 수 없이 공감을 받지 못할 때도 경직되고, 두렵고, 격노하기보다는 화가 나고 실망감이 느껴지는 반응으로 대체했다.

바바라의 인생도 틀을 갖춰 가기 시작했는데, 오랫동안 하던 월급이 적은 소소한 일 대신에 기능성 있는 직업을 갖게 되었고, 여성에게 매력을 느낀다는 것을 깨닫고 온순하며 사랑 있는 사람과 교제도 시작하게 되었다. 치료에서도 그녀는 유머가 많아졌고, 이전에 겪었던 곤경들에 대해 함께 웃을 수도 있게 되었다. 나는 그녀가 스스로를 안전하게 지키기 위해 발전시킨 방법들과 우리 관계를 지속시킨 바바라의 공헌에 대한 깊은 존중감을 가질 수 있었다. 나의 진실됨은 그녀에게 매우 중요했다. 진실하지 못한 모습과 자기를 '가지고 놀려고' 하는 태도에 극도로 민감했고 이는 '치료에서 많이 일어날 수 있는 일'이라고 그녀는 생각했다. 내 공감이 부재할 때 그녀가 극도로 경계하게 되는 것을 '이해'하게 되었다. 내 실수로 그녀는 너무 취약함을 느껴 나로 인해 해를 입을 수도 있겠다 싶어 안전감을 느낄 수 없었다. 우리는 서로 안전하게 느낄 수 있는 방법을 찾기 위해 노력해서 채찍질 당한다고 느끼지 않았다. 치료를 종결하기 전 치료 전반에 대한 소감을 나누며 내가 그녀와 함께 취약함에 머물러 있으려 노력한 것에 대해 언급했다. 자신에게 그 부분이 크게 와 닿았다면서, 치료자인 내가 덜 위험하게 느껴졌다고 했다. 그녀와의 경계선을 긋는 대신 나의 취약성을 인정했을 때 그녀는 존중감을 느낀 것이다. "당신이 실수하고 가장 취약하게 보였을 때 내가 당신을 가장 신뢰할 수 있었다는 사실이 아이러니 하지 않나요? 항상 완벽한 모습은 아니었죠… 제대로 이해하는 데 시간이 좀 걸리기도 했지만, 결국엔 다시 돌아와 그 부분을 짚었고 노력하는 모습을 보여 주었으며 불완전함도 보이려 했습니다. 이 부분이 나로 하여금 당신을 안전하다고 느끼게 해 주었습니다."

　서로의 역할(치료자와 내담자)로 인해 어쩔 수 없이 경험된 취약성이 있지만, 치료 과정을 위해 중요했던 상호 개방과 상호 취약성이 존재했었다. 분리된 자아의 패러다임으로 훈련받은 이들에게는 치료에서 상호성의 개념이 '경계선 위반'을 떠올릴 수도 있다. RCT는 분리된 자아 치료 모델에서 자동반사적으로 사용하는 '경계선 유지'라는 용어보다는, 내담자의 안전을 명쾌하게 처리하고 경계 개념의 주제들에 관심을 가지고 구체적으로 설명한다. RCT 치료는 다음과 같이 강조한다. ① 힘을 행사하기보다는 좋은 관계를 통해 안전감을 형성하기, ② 누구의 역동인지 명확하게 하기, ③ 내담자와 치료자의 편안함과 안전감을 유지하기 위해 상담자-내담자 관계에서 "아니요."라고 말하기 등이다. 이런 부분을 '한계 정하기'라고 하기보다는 '한계 진술하기'라고 RCT라 치료에서 표현한다. 한계를 정하는 것은 주로 가진 힘이 동등하지 않은 관계에서 대두되는데, 한계를 설정해야 했던 행동과 필요에 대해 낮춰 표현하거나 비판이 동반되는 경우가 있는 반면에, 한계를 진술하는 것은 어떤 관계에서나 중요한 정보를 제공해 준다.

'경계'의 핵심에는 안전감, 명확성, 관계 규정에 관한 주제들이 있다. 하지만 이 주제에 대해 설명하지 않는다면 경계 개념은 치료자가 거리를 두는, 또 내담자보다 '더 큰 힘을 행사하는' 역동을 지지하는 예측 방법으로 사용되기가 너무 쉽다. 이와 반대로, RCT 치료에서는 안전한 관계를 통해 성장하는 환경을 조성하는 것이 핵심적인 주제다. RCT 치료자들은 치료자의 필요에 의해 내담자가 이용되지 않도록 보호하겠다는 결심이 매우 크다. 더 나아가, 관계에 있어서의 안전감, 명확성, 한계점들은 관계에 대한 중요한 정보를 제공해 준다. 이 정보에 귀 기울이는 것은 내담자가 관계에서 일어나는 역동을 배울 수 있도록 돕는다. RCT에서 경계 주제를 다루는 것은 한계를 지어 주고 내담자를 통제하려는 의도보다는, 관계에 대한 자신감을 향상시키고 배우려는 필요에 의한 것이다. 이런 상호작용을 통해 치료자와 내담자 모두가 배우게 된다.

치료자가 무력함과 불확실성을 느끼는 상황에 직면하면 유독 자신이 전문적이고, 옳아야 하며, 자기 권한 아래에 내담자를 두려고 하여 내담자와 거리를 두고, 진단명을 붙이려 하며, 통제하려 한다. RCT는 치료가 유연한 전문성과 상호성의 특징을 가지고 있음을 주장한다. 유연한 전문성은 치료 관계에 있는 두 사람 모두가 치료를 계속해 나아가게 하는 전문성을 가지고 있다고 보는 것이다. 이 관계에서 상호성이 행여 관계를 위험에 빠트리는 것 아니냐고 걱정하는데, 두 사람이 영향을 받는 것에 개방되어 있는 존중하는 치유 관계를 형성함으로써, 관계를 위험하게 하기보다는 더 안전하게 만든다고 RCT는 주장한다.

상호성은 취약성이 공유되고 변화에 대해 열려 있는 것을 의미하지, 역할이 같다거나 똑같이 개방해야 하는 것을 의미하지는 않는다. 내담자가 묻는 질문이 너무 '사적'이라고 여겨지면 치료자는 그 질문에 답을 하지 않을 수도 있다. 하지만 중요한 것은, 질문 자체는 지극히 자연스럽지만 치료자가 공개하기가 조금 불편하다고 알려 줘야 한다는 것이다. 이로 인한 갈등이 따를 수 있지만, 이 갈등은 치료자의 선택에 따라 성장에 기여하는 요소가 될 수 있다. 치료자가 불편하게 여기는 부분에 대해 내담자가 치료의 한계를 조정할 필요를 느낄 수도 있고, 또 어떤 상황에서 치료자가 내담자의 요구 이면에 깊은 관심을 가져야 할 책임이 있다.

　수잔은 치료 첫 회기부터 녹음기를 가져와 치료 과정을 녹음해야겠다고 했다. 나는 조금 당혹스러웠고 녹음된 내용이 어디에 어떻게 쓰일지 걱정됐다. 소송을 걸려나? 우리가 나눈 이야기를 잊지 않고 기억하려고 하나? 녹음을 내 동료에게 건네서 내 치료방식을 평가하게 하려고 하나? 나는 우리 둘 다 이 녹음하는 것이 괜찮아야 한다고 바로 말해 주었다. 수잔은 자기는 녹음하는 게 편하지만 치료자는 아닌가 보다라고 바로 되받아쳤다. 나는 방어적이거나 그녀의 요구를 이상하게 생각하지 않기 위해 노력했고, 실제로 조금 걱정이 된다고 말했다. 나도 어떤 부분이 걱정되는 것인지 지금 이 시점에서는 명확하지 않지만 어떤 결정을 하기 전에 녹음에 관해 대화를 더할 수 있으면 좋겠다고 했고, 수잔은 마지못해 동의했다. 대화 중 나는 노출이 되는 것을 걱정한다는 것을 곧 알 수 있었다. 또 알게 된 것은 수잔은 정리되지 않은 상태였기에 우리의 치료 회기를 기억하는 데 어려움을 겪었고 그래서 녹음된 내용을 듣는 것이 도움이 된다는 점이었다. 몇 회기가 지난 후, 나는 수잔이 누구인지 더 잘 알게 되었고 녹음의 필요성도 동의가 되므로 녹음하는 것에 대해 훨씬 편안한 마음이 든다고 했다. 녹음된 회기 내용은 그녀에게 매우 큰 도움이 되었다. 전통적인 접근에만 입각했다면 나는 수잔이 나를 골탕먹이려 하고 경계선을 부적절하게 침범한다고만 생각했을 수도 있다. 단, 녹음의 단점은 수잔이 지난 회기의 내용을 너무나도 확실하게 기억하고 있어서 내가 따라가기가 좀 벅찼다는 것이지만, 충분히 가치 있는 일이었다.

사회적 환경의 힘

RCT 치료자는 심리적 고통을 유발한 환경적 요소의 중요성을 포함하여 내담자의 경험을 존중한다. RCT 치료는 특권, 인종차별, 성차별, 계층차별, 이성애주의가 끼치는 영향에 대해 특별히 관심을 갖는다. 우리가 처한 환경이 영향을 끼친다는 것을 인정하는 것이다. 넓은 의미의 문화가 치료자와 내담자에게 끼치는 영향은 극적이다. 우리는 모두 문화적 요소가 갖는 힘의 특권이나 상처를 경험하였다. 많은 경우 치료자는 사회문화적 고통에 근거한 아픔이나 난관을 개인화시켜 버리는 경향이 있다. 그로 인해 인종차별로 고통당한 이들의 문제가 피해망상이나 불신의 주제로 취급되기도 한다. 소외와 억압된 구조로 인해 발생한 고난을 정당하게 인정하지 못하는 구조에서는 오히려 이로 인한 피해자를 탓하고자 하는 경향이 만연하게 된다. 개인화 단계에서만 이해하고 치료하는 것은, 단절과 억압적인 문화에 기반을 둔 기존 세력에 동조하는 것이고 치유가 필요한 내담자와 사회를 낙담하게 하는 일이다.

상호 관계를 가치 있게 여기고 그를 위해 노력하는 것과 관계 심리학으로 지배구조의 정당성을 대신하면, RCT는 사회정의를 위한 힘이 된다. Christian Robb(2007)은 RCT가 "알려 준 것은 다름 아닌 바로 정치적이며 심리적인 관계의 힘이다. 힘의 격차를 넓히고 유지하기 위한 분열과 단절을 정치적으로 이용하는 것, 그리고 힘의 균형과 성장을 도모하기 위해 개인 간의 관계와 문화적 연관성을 갖는 것"(p. xvii)이라고 적고 있다. Robb은 또한 "자아가 아닌 관계적 측면에서 보고 듣는 것은 모든 것을 바꾸어 놓는다."고 말한다. RCT 치료자들은 개인적이면서도 정치적인 인식을 가지고 치료하며, 관계문화 이론가들은 서구 심리학의 일반적 패러다임을 변화시키려 하고 있다. 치료에서는 더 풍성한 삶을 살 수 있는 능력을 제한하는 관계와 지배적 이미지를 변화시키며 한 번에 한 관계씩 달라지고 있다.

사례: 지배적 이미지와 개인 변화

브렌다는 1년간 매주 치료에 참여한 아주 똑똑한 흑인 변호사다. 그녀는 종종 그녀를 단도직입적으로 '문제'로 만든 백인이 주류인 로펌에서 일했다. 남부에서 자란 그녀는 인종차별이 있던 학교에 다녔다. 브렌다는 이전에도 치료를 받은 적이 있었는데 그때 도움을 받은 기억이 있었다. 우리의 첫 회기에서 브렌다는 직장에서 겪는 어려움에 관해 다루길 원한다고 말했다. 그녀는 일하는 시간이 너무 많아 힘들었으며 아무도 알아차리지 못해 언급되지 않는 직장 내의 인종차별적인 분위기가 힘들었다. 이런 호소문제를 염두에 둘 때, 과연 나 같은 백인 치료자를 만나는 것이 맞나 스스로 의문시했다. 내가 그녀의 경험을 이해하는 데 한계가 있을 것이고 그래서 충분히 그녀를 도울 수 없을 가능성에 대해서 우리는 대화를 나누었다. 나는 정말 뛰어난 임상가라고 생각하는 나의 흑인 동료에게 그녀의 치료를 위탁할 수 있다고 제안했다. 브렌다는 고려해 보겠다고 말했다. 나도 감정적으로 고민이 많았다. 나는 브렌다가 마음에 들었고 그녀가 다른 치료자를 만나겠다고 하면 슬플 것 같았지만, 인종차별에 있어서 나는 분명 제약이 있었고, 인종에 관한 나의 자의식이 도움을 제공하거나 소외된 경험이 많은 그녀를 이해하고 공감하는 데 방해가 될 가능성에 대해서 생각해 봐야 했으며, 인종차별이 만연한 백인 우월주의 사회에서 흑인으로 살아간다는 것이 어떨까에 대해 아주 깊은 '이해'가 나에게 없다는 것을 인정해야 했다.

브렌다가 직장에서 중요한 일의 배정에서 무시당했다고 나에게 처음 이야기했을 때, 직장에서처럼 외롭거나 힘이 빠지지 않도록 이 문제를 개인적인 문제로 설명하려 하지 않았고, 그녀가 이 문제를 인종차별주의적 관점으로 해석하는 데 함께 머물러 있으려 노력했다. 나는 개인적인 차원에서 문제를 이해하도록 임상적으로 훈련되었지만, 이 상황을 그녀가 경험하듯이 상황, 문화, 인종, 권력의 관점에서 이해하려 했다. 어떤 면에서 나는 그녀의 상사처럼 무지한 사람이었다. 나는 내 동료가 연구하는 '마이크로 공격(Microaggression, 소외된 사람의 경험과 인간성을 지속적이며 미세하게 용납되지 않는 방법으로 공격하는 것)'에 관해 언급했다. 브렌다는 조용히 들은 후에 자신들의 태도에 무책임하고, 같은 백인들의 입장을 지지하며 브렌다 자신을 잘못된 사람 또는 화난 흑인 여자가 되게 하는 백인에 대해 분노했다. 나도 이런 둔감한 백인 그룹의 일부지만 이에 대해 그 자리에서 언급하지는 않았다. 왜냐하면 나에 대한 그녀의 신뢰와 불신을 둘 다 인정해 주고 싶었기 때문이다. 내가 어떤 면에서 그녀를 절대 공감할 수 없다는 것을 그녀는 이미 알고 있었지만, 그녀의 고통에 의해 나도 고통받고 있음을 볼 수 있었고, 이것이 우리 사이에 어떤 희미한 다리를 놔주고 있었다.

치료 과정에서 개인적이며 문화적인 이해의 차이가 존재했다. 백인의 특권과 소외되고 억압된 데서 나오는 지배적 이미지로 힘들었다. 브렌다가 직장에서 자신의 목소리를 내기 위해 용감하게 분투하는 모습을 보며 친절하고 문제를 만들지 않는 나의 내면화된 백인 중산층의 관계 이미지를 탐색했다(이론적으로는 '권력에 대항하여 진실을 말하자'라고 생각했음에도 말이다). 브렌다는 '너무 시끄럽게' 하지 않아야 한다는 그녀의 내면화된 이미지와 싸우고 있었다. 끊임없이 인종차별을 겪어야 하는 그녀의 아픔을 이해한다고 치료의 어느 시점에서 추정하며 말했더니 그녀는 나를 날카롭게 쳐다보며 "백인 특권을 누리는 여성은 절대 이해하지 못할 거예요."라고 반응했다. 그녀가 옳았고, 옳다고 그녀에게 말하며 사과했다. 또 어떤 때는 나는 다른 특권층의 백인들과 '차이'가 있다는 것을 보이려 심하게 노력한 적이 있지만, 사실 이 문화에서 자란 모든 이들이 그렇듯이 나의 깊숙한 내면에도 인종차별적인 왜곡된 사고가 자리 잡고 있었다. 이전에 했던 것보다 훨씬 더 내 백인의 특권을 알아차려야 했다.

이런 파괴된 관계를 개인적이고 정치적인 측면으로 나눠서 탐색하며 우리는 더 안전한 관계를 형성하기 시작했다. 지배적 이미지가 가지는 억압적인 측면과 이런 부정적 기대에도 불구하고 긍정적 자기이해를 유지하려는 브렌다의 노력에 대해 대화했다. 직장에서 불평등함을 인식하는 데 덜 망설이게 되었고, 동료들에게도 자신이 무시당하고 고정관념에 의해 취급당할 때가 있음을 효율적으로 전달하기 시작했다. 브렌다는 직장 내에 있는 또 다른 인종들의 안내자가 되었다. 뜻을 함께하는 동료들을 찾았으며 다른 젊은 유색 인종들에게 좋은 영감이 되었다.

치료를 종결하며 브렌다는 자신이 더 강해졌음을 알 수 있다고 했다. 자신과 다른 이들에게 의미 있는 탐색은 지속되었으며, 직장에서도 기여한 바가 더 많이 인정되었다. 인종문제에 관해서 브렌다는 우리의 치료가 어느 정도의 한계를 가졌었고, 그에 대해 슬픔을 느꼈다고 말했다. 나도 역시 이와 같이 느꼈고, 그녀에게 나의 슬픔도 전해 주었다. 어떤 때는 단절의 롤러코스터를 타고 있는 것처럼 느껴졌음에도 중단하지 않았고 우리가 만나던 시간들이 그리워질 거라고 말해 주었다.

RCT는 치료에서 문화와 인종의 차이를 초월할 것을 권장하는데, 억압된 소수가 많은 트라우마를 경험하는 문화에서 이 작업은 치료자나 내담자에게 여러 난관을 주기도 한다. 치료자나 내담자는 자신들의 삶의 역사를 이미 가지고 치료에 임하는데 이 상황에서 서로의 차이를 넘어선 상호 공감은 어려울 수 있다. 자신이 주류 문화에 속해 있을 때는 이런 차이에 대한 판단과 우월감이 생겨 치료에서 문화를 초월한다는 것이 오히려 이상하게 여겨질 수 있다. 의도되지 않은 상처가 존재할 가능성이 있어 진심으로 경청하고 새롭게 이해하는 것이 어렵게 느껴질 수 있다. 하지만 차이에 대한 상호 공감을 갖는 것은 엄청난 성장이 가능한 기회이고 양쪽 모두에게 회복탄력성이 강화될 수 있는 기회이기도 하다.

관계 회복탄력성 쌓기

RCT 치료자는 치료 관계 자체에서 나타나는 관계 회복탄력성 relational resilience을 지속적으로 다룬다. 성장은 일방적이지 않다는 것이 개인 회복탄력성과 관계 회복탄력성을 구분하는 가장 핵심 개념이다. 회복탄력성의 주관적 특징—'자아 구축' 또는 외부로부터 '자원'을 얻는 것—은 분리된 자아 개념에 입각해 내려진 정의다. 초개인주의 와 자아에 대한 중요성을 강조하는 문화가 분리된 자아 개념을 유지 하게 하는 것이다. 따라서 대부분의 이론들은 상대의 웰빙에 기여하 여 자신의 유용함을 느끼려는 우리 욕구의 강력한 힘을 간과하고 있 다. 관계 회복탄력성은 개인이 놓인 상황을 충분히 염두에 두고 관계 에 기여하려는 갈망뿐만이 아니라 지지해 줄 관계를 필요로 하는 것 도 인정한다. 회복탄력성은 인간이 항시 담고 있는 내적 특성은 아니 다. 다른 사람의 성장에 참여하는 것이 자신의 웰빙에 있어 매우 중요 하다. 우리는 나 이외의 더 큰 차원에 소속되거나 기여함으로써 상호 성을 추구하고 의미도 찾게 된다.

아이러니하게도 '자조적' 프로그램이나 그룹들은 매우 높은 정도 의 상호 도움을 포함한다. 익명의 알코올 중독자들(AA)이 이런 프로 그램의 좋은 예다. 밖에서 볼 때는 '도움을 청하는 것'이나 자기 스스 로를 돕는 것('자조적' 모임)으로 보인다. 그러나 AA 또는 12단계 프 로그램은 다른 사람들의 웰빙에 기여할 수 있게 하여 아직도 자신이 누군가에게 도움을 줄 수 있으며 또 동시에 도움을 받고 있다는 경험 을 하게 되어 존엄성을 느낄 수 있는 기회를 제공하게 된다. 이렇듯이 프로그램들은 상호성의 특징을 띠고 있다. 서로를 지지하는 이런 모임에 관한 연구는 상호적인 부분을 간과한다. 예를 들면, Spiegel은 암 환자에 관한 연구에서 소모임에 참여한 환자들이 참여하지 않은 환자에 비해 불안, 우울, 통증이 감소했다는 것을 발견하였다. 소모임에 참여한 환자들의 생존 기간이 두 배나 길기도 하였다. 관계가 변화의 요인이었던 것이다. 이 연구에서 환자들이 다른 참여자들로부터 도움을 받았다는 것을 강조하여 해석하고 있다. 그렇지만 도움을 주는 것 '유용하다' 느끼는 것, 자신의 존재가 '의미 있다' 느끼는 것도 자신의 웰빙에 대한 느낌을 향상시켰다고 느끼는 것일 것 같다 (Spiegel, 1991).

관계 이론에서 회복탄력성은 상호 연관성으로 특징지어진다. 관계 회복탄력성은 고립되려는 이전 습관으로 회기될 때 다른 사람에게로 방향을 전환할 수 있는 능력을 개발시킬 수 있는지에 달려 있다. 다른 사람으로부터 가치 있게 여겨지며 자신이 기여할 무언가가 존재한다는 사실을 깨닫는 것은 지지를 받는 것만큼이나 치유가 된다. 치료에서 어떤 부분(예: '지지 받는 것')만이 도움이 된다고 축소시켜 말하는 경향은, 진정한 치유가 상호 공감적인 관계에 참여하는 것이라는 점을 이해하는 데 맹점을 남기게 한다.

RCT와 단기치료

RCT 치료는 치료 관계가 더 깊어질 수 있는 상황이 되는 장기간의 치료에서 주로 행해졌다. RCT가 애초에 단기치료로 개발된 것은 아니지만, 단기치료에 활용한 치료자들이 실제로 많이 있다. 『Consumer Reports』의 한 논문(*Mental Health*, 1995)은 이론을 막론하고 치료 기간이 길수록 더 많은 변화가 일어나지만, 오늘날 더 많은 사람들은 경제/보험적용 등의 문제로 어쩔 수 없이 단기치료로 제한되고 있다고 보고하고 있다. 단기치료는 주로 목표를 설정하고 행동을 변화시키는 것이 주안점이다. 단기치료도 치료자와 내담자의 협력 관계를 중요시하지만, 시작부터 '분리'와 종결에 중점을 둔다. 어떤 치료자들은 변화를 위해 실제로 직면과 불안을 자주 사용한다(Davanloo, 1980; Sifneos, 1979). RCT 치료는 이와는 매우 다른 단기치료를 주장한다.

RCT 단기치료는 관계 인식relational awareness을 중요시하며, 내담자의 관계 패턴과 이미지를 탐색하고, 현재도 관계를 맺을 수 있는 가족이나 친구와 같은 자원을 존중하도록 격려한다. 이에 더해 내담자가 새로운 관계를 확장해 나가도록 돕는다. 우리가 Lone Ranger(미국 서부극의 주인공)처럼 홀로 기능하는 것이 아니라는 내용을 치료자는 전달한다. 관계가 지속되는 것의 중요성이 강조되고 정상화된다. 치료자는 관계에 관한 뇌과학의 연구를 소개하고 인간은 관계를 맺도록 설계되었음을 알려 준다. 도움을 주기도 하고 받기도 하는 공동체에 소속되는 것이 개인 웰빙을 위해 가치 있는 것임이 강조된다. 이런 내용은 스스로 알아서 해야 하고, 자립적이며, 자신의 취약한 부분을 보이면 안 된다는 문화적 강박관념을 해체하도록 도와준다. 협력적 치료 상황에서는 치료자가 관계를 맺을 수 있는 능력과 단절을 해야 하는 필요를 아는 내담자의 강점과 약점을 모두 존중한다. 중요한 것은 치료자가 '종결'을 강조하기보다는 치료를 간헐적인 관점으로 이해한다는 것이다. 내담자가 한 주제를 치료에서 다 다루었고, 잠시 만나지 않기로 결정하지만, 다른 주제가 또 대두되면 다시 만나거나 짧은 만남을 가질 수도 있다는 것이다. 다시 치료에 돌아오는 것이 약점이나 실패를 증명하는 것으로 생각되기보다는 오히려 성공적인 치료의 결과라고 여겨진다. 정신건강은 자율성과 동일시되지 않는다.

시간 제한적인 치료의 관계 모델은 분리가 아닌 관계를 강조한다. 관계에 대한 감을 증대시키기 위해 회기 시간이 짧은 시간에 반복될 수 있다. 점차적으로 회기 기간은 길어질 것이다. RCT 치료에서 종결은 치료가 최종적으로 영원히 끝났음을 강조하지 않는다. 단기치료에서는 지속적인 연결성을 유지하는 것이 특별히 중요하다. 아픔을 주는 두세 개의 주요 관계 패턴에 집중함으로도 이 패턴의 확고함과 지속적인 측면이 변화되기 시작한다. RCT 단기치료가 매우 효과적으로 적용된 사례 중 하나는 요청자가 많아 단기치료가 요구될 수밖에 없는 대학의 학생상담실이다(Comstock, 2005; Jordan, Handel, Albarez, & Cook-Noble, 2000; Kopala & Keitel, 2003).

RCT 치료의 한계와 어려움

RCT 치료는 점점 더 많이 행해지고 있다. 부부와 가족, 집단, 단체 그리고 학교에서의 치료에 RCT를 사용하는 경우가 늘어나고 있다. 이는 조현병이나 양극성 장애로 진단되거나 만성 정신장애를 앓고 있는 이들과 교도소에 수감된 여성들과 같이 다양한 내담자를 치료하는데 효과적이었다(Coll & Duff, 1995). 섭식장애(Tantillo & Sanftner, 2003), PTSD(Banks, 2000), 입원환자들(예: Charles River 여성 프로그램,

McLean 병원의 여성치료 프로그램)을 RCT로 치료한 경우는 상당히 많다. RCT는 초기에 여성을 치료하기 위해 개발되었지만, 점차 남성과 아이들을 치료하는 데 많이 사용되었다(Jordan & Dooley, 2000). RCT 결과에 대한 경험적 연구는 많지 않지만 다양한 배경의 내담자를 치료하는 데도 유용한 것으로 보인다. 하지만 사회병리적 행동 패턴을 보이는 사람이라면 RCT 치료가 어려울 수도 있다. 이런 이들은 진정성과 취약성을 강하고 단호하게 회피하기 때문이다.

RCT 치료의 공헌이 점점 더 알려짐에도 지배적 치료 문화는 치료자의 '중립성'을 강조함으로써 다양한 접근법을 가진 치료자가 자신의 반응을 중요하게 여기는 것을 어렵게 만든다. RCT 치료에서는 중립성이나 객관성이 실제로는 가능하지 않고, 오히려 치료자의 불투명한 태도를 조장하며, 관계보다는 단절에 기여하게 될 가능성이 높다고 본다. 많은 치료 방법들이 치료자가 권위적으로 접근하는 것이 가장 효과적이라고 보지만, RCT 치료는 전문성의 유동성을 신뢰할 것을 권장하며, 내담자와 치료자 모두가 중요한 지혜와 지식을 지니고 있다고 본다. RCT가 권위적인 중립성이 치료에서 절대적으로 사용되지 않고 심지어 치료 목표에는 파괴적이기까지 하다고 하지만, 그럼에도 불구하고 더 전통적이고 일반적인 치료 이론과의 차이를 정당화하기 위해서 노력해야 한다. 일반적인 치료와 차이가 있는 방법을 적용할 때 치료자는 전통적 방법의 치료자들의 비난과 공격에 위축될 수 있다. 개척자들이 지금까지 되어 온 상태에 의문을 제기하는 이들과 함께 서로 지지해 줄 수 있어야 한다. 또한 임상 실습에서는 변화를 당당하고 사려 깊게 소개하는 것이 중요하다.

RCT 치료는 기법보다는 이론과 철학이 주를 이루기 때문에, RCT에 이제 막 입문한 학생과 이를 가르쳐야 하는 이들에게는 어려울 수 있다. 상호 공감과 진정성을 어떻게 적용하는지에 대한 충분한 토론의 기회가 주어지는 사려 깊은 슈퍼비전이 꼭 필요하다. 존중의 중요성과 감정적 반응을 주의 깊게 사용하는 것에 집중한다. 슈퍼바이저는 학생으로 하여금 '감정이 전부 노출되는 것'[편도체의 확실성(amygdala authenticity)]과 치료를 이끌어 갈 '진실된 한 가지'를 찾는 것의 차이를 구별하도록 도와줘야 한다. 이 차이를 구분할 줄 아는 데는 지름길이 없다. 기존의 방법으로 훈련된 치료자는 상호성이 교환을 의미하지 않으며 역할의 차이가 없음도 아님을 치료 과정에서 다룰 수 있어야 한다. 더 나아가, 치료자는 불확실성에 어느 정도는 익숙해져야 하며 지속적으로 배우려는 태도를 길러야 한다.

시인 John Keats는 "성급히 사실이나 이성으로 깨달으려 하지 않고 불확실성, 신비로움 그리고 의심에 머무름"(1818/1987)의 중요성에 대해 쓰고 있다. 우리는 확실성을 중요하게 생각해서 숙달됨을 능력과 동일시한다. 이런 상황에서 치료자는 불확실성과 의심을 이겨내고 관계에 머무르도록 하는 데 힘을 모아야 한다. 때때로 지금 일어나는 상황에 대해 정확하게 이해하지 못하는 때가 있다. 예를 들어, 우리는 헤맬 때가 있는 것이다. 이럴 때 우리는 관계를 중점에 두기로 한 약속을 다시 기억하면서 내담자의 무기력한 바로 그 순간에 함께 머물러 줘야 한다. 머무르고 관계 맺음으로써 불확실성의 경험을 변화시킬 수 있다. 우리는 지식과 확실성을 매우 중요시하는 이 문화 속에서 알지 못함의 자리에 남는 것이 얼마나 어려운 일인지 인정할 수 있어야 한다.

평가

관 계문화이론RCT 치료 연구 네트워크는 RCT에 관심이 있는 미국을 비롯한 세계 곳곳의 많은 연구자들을 위한 자원으로 이용되고 있다. Jean Baker Miller 훈련 기관은 과거 10년 동안 매년 봄 연차 RCT 연구 토론회를 개최하고 있다. RCT는 수많은 논문과 저널에 이용되고 발표되어 왔다. RCT에 의해 고무된 많은 연구들은 RCT의 이론적 맥락의 타당성을 연구하고 확인시켰다. 이러한 타당성은 관련된 분야의 여러 연구들에 의해서도 지지되고 있다. 여러 연구들이 RCT 치료의 효능을 확인하고 있는 것이다.

RCT 심리치료 결과에 대한 연구

RCT 치료 결과에 대한 연구들은 특별한 개입 방법에 관심을 기울이고 있다. RCT 치료의 효능에 대한 연구 중, 토론토의 여성을 위한 단기 심리치료 센터의 연구팀인 Anne Oakley와 Shirley Addison은 온타리오의 보건부 산하 온타리오 여성 건강 위원회의 지원하에 2년간 심리치료 결과에 대한 연구를 시행했다. 16년 동안, 작은 공동체에 기반을 둔 서비스는 RCT를 이용한 단기치료 모델을 발전시키고 시행해 왔다. 이 연구는 모든 결과 측정과 성취에 있어 현저한 성장을 보인 내담자들이 RCT 치료가 끝난 후 6개월까지도 치료 결과가 유지되었음을 보이고 있다(Oakley & Addison, 2005).

섭식장애로 고통 받는 여성의 연구에서 Tantillo와 Sanftner(2003)는 단기 관계 집단 치료와 단지 인지-행동 집단 치료의 효율성을 비교함과 동시에, 지각된 관계의 상호성과 거식증 및 우울증의 강도 사이의 관계성을 연구하였다. 이들은 섭식 행동보다 관계적 요인들에 관심을 가진 관계문화의 단기치료가 거식증과 우울증을 치료하는 데 효과적임을 발견하였다. RCT 치료와 섭식장애의 연구들은 섭식장애는 특정한 생물심리사회적 위험 요소들과 더불어, 여성이 자기 자신과 타인으로부터의 단절을 경험함으로써 야기되고 유지된 단절의 질병diseases of disconnection이라 주장한다. 관계 속에서 지각된 상호성의 결핍은 섭식장애와 같은 여성의 정신건강 문제의 원인과 지속성에 중요한 영향을 준다고 보인다. 치료 참가자들의 회복을 위해서는 단절과 증상을 줄이기 위해 중요한 타인과의 관계에서 지각된 상호성의 증가가 요구된다.

Sanftner와 Tantillo(2004)는 섭식장애를 겪는 여성들의 임상적 표본들과 사회의 지각된 상호성을 측정하기 위해 관계-단절의 척도 Connection-Disconnection Scale를 개발하였다. 또한 이들은 섭식장애를 치료하기 위한 관계/동기 집단relational/motivational group 참석자들의 지각된 상호성과 변화를 위한 동기를 관찰하는 중재/연구 계획을 시행하였다. 이 연구의 결과, 어머니와의 관계 속에서 상호성의 향상을 강조하는 것이 변화를 위한 참석자의 동기를 일으키는 데 중요한 요인이 될 수 있다는 것을 발견하였다(Sanftner & Tantillo, 2001).

RCT 이론 모델에 대한 연구

상호성

비록 상호성이 중요한 관계적 차원이지만, 몇몇의 연구자들은 상호성에 영향을 주는 특정한 요소들에 대해 연구하였다. 상호성은 "영향에 대한 개방성, 감정적 유용성emotional availability, 타인의 상태에 반응하고 영향을 줄 수 있는 지속적 변화의 양식"(Jordan, 1986, p. 1)을 포함한다. Genero, Miller, Surrey 그리고 Baldwin(1992)은 대학과 지역사회의 여성을 대상으로 배우자들과 친구들과의 관계에서 인지된 상호성을 측정하는 22개의 자기기록 측정방식의 상호 심리적 발달의 질문지Mutual Psychological Development Questionnaire: MPDQ를 개발하였다. MPDQ는 질문에 답하는 자와 질문자에 의해 지정된 '대상자

target person'의 관점 모두를 고려하는 양자 질문지dyadic questionnaire로 되어 있다. 즉, 관계의 양쪽 면에 대한 응답자의 관점을 요구한다. 질문지의 척도는 긍정적 치료 결과에 대한 상호성의 관련성을 보이는 섭식장애 치료의 경우에만 이용되었다(Sanftner & Tantillo, 2001; Sanftner et al., 2006; Sanftner et al., 2008; Tantillo, Sanftner, & Seidlitz, 2004). 치료자의 자기노출self-disclosure에 대한 임상 연구 중, Tantillo(2004)는 치료 시 상호성에 대한 RCT의 견해를 활용하는 것은 내담자의 공감을 증진하고, 보편성을 갖도록 고무하며, 내담자의 경험이 정상적이라는 생각을 갖게 도우며, 변화와 차이점들에 대해 유동적이며 개방적이 될 수 있도록 이끈다는 것을 발견하였다.

관계적 건강 지표들

성장지향적 관계에 대한 RCT의 정의를 바탕으로, Liang과 그의 동료들(Liang et al., 1998; Liang, Tracy, Taylor, & Williams, 2002)은 친구들, 멘토들 그리고 공동체들과의 성장지향적 관계들을 측정하고자 관계적 건강 지표들the relational health indices: RHI을 개발하였다. 37개의 항목 측정은 성장지향적 관계들에 있어 세 가지 개념적 차원, 즉 참여engagement, 진정성authenticity, 힘 불어넣기/활기empowerment/zest를 측정한다. RHI 구성요소들은 일반적으로 증명된 긍정적·전반적 내적 일관성internal consistency을 보여 준다. 이 측정은 두 사람 관계와 집단 관계 속에서, 특히 여성들 사이의 관계 속에서 복잡한 역동들의 중요하고 미묘한 질qualities을 이해하기 위한 방법을 제공한다. RHI에 의해 측정된 관계적 건강relational health은 20대 초반의 여성들의 정신건강과 적응력에 일반적으로 연관되어 있었다. 성장-지향적 공동체 관계는 감소된 스트레스와 우울증에 연관될 가능성이 있으며, 단순히 두 사람의 관계만이 아니라 더 큰 공동체의 소속감이 긍정적 정신건강에 이익을 준다고 제시한다(Liang et al., 2002). Liang, Tracy, Glenn, Burns 그리고 Ting(2007)은 남성들에 대한 집중적 타당성과 측정 요소의 일반화를 조사하기 위해 남성들을 대상으로 RHI 사용에 대한 연구를 하였다. 그 결과, 이들은 여성뿐 아니라 남성을 위한 척도 사용의 중요한 타당성을 발견하였다. 최근에 Liang 과 그의 동료들은 아동을 대상으로 한 측정도구를 발전시키고 있다. RHI는 부모에 대한 인지된 상호성을 측정하기 위해 응용되고 사용되기도 한다(Tantillo & Sanftner, 2003).

멘토링

멘토링에 대한 연구 또한 RCT 견해들을 사용하고 있다. 관계적 접근을 이용한 20대 초반의 여성을 대상으로 하는 멘토링에 대한 한 연구에서 Liang, Tracy, Kauh, Taylor 그리고 Williams(2006)는 멘토링 관계의 관계적 질(예: 공감, 참여, 진정성, 힘 불어넣기 등)의 존재 여부가 젊은 여성의 삶에 있어 멘토링의 성공에 강하게 영향을 주고 있음을 발견하였다. 이들은 관계적 질이 높은 멘토링 관계들은 높은 자존감과 낮은 고립감에 연관되어 있음을 밝혀내었다. Spencer(2006; Spencer, Jordan, & Sazama, 2004)는 청소년들이 성인들과의 관계에서 존중, 상호성 그리고 진정성에 높은 가치를 둔다는 것을 발견하였다. 젊은 남성과 성인 남성 멘토들 사이의 관계에 대한 연구는 취약성과 감정적 지지를 위해 안정된 곳을 찾는 것은 이들의 관계에 중요한 부분임을 보였다(Spencer, 2007). 또 다른 연구는 멘토링 프로그램이 젊은 남성과 그들의 성인 멘토들 사이의 관계에 진정한 상호 교류를 증진하는 방법을 모색할 필요가 있다고 제안한다(Spencer, 2006). 또한 공감이 더 성공적인 멘토링 관계에 있어 본질적인 요소임이 밝혀졌다.

모욕감에 대한 연구들

모욕감은 깊은 관계적 침해라 할 수 있는 단절의 파괴적 형태로, 세계적으로 점점 많은 학자들과 연구 과학자들의 관심의 대상이 되고 있다. RCT를 이론적 기반으로 사용하는 Linda Hartling(1995; Hartling & Luchetta, 1999)은 사회적 배제, 비웃음, 평가절하, 명예훼손을 포함한 다양한 형태의 모욕이 주는 영향을 측정하기 위해 제작된 최초의 척도를 개발하였다. 이 척도의 목록들은 영국 옥스퍼드 대학교의 옥스퍼드 빈곤과 인류 개발 기획the Oxford Poverty and Human Development Initiative 에 의해 개발된 빈곤에 대한 다차원적 측정에 이용되었다(Sabina Alkire, 개별 면담, 2007. 12. 6.). 이 조사의 한 가지 목표는 경제적 곤란과 수치심 및 모욕감의 강도를 연구함으로써 국제적으로 비교할 만한 자료를 제공하는 것이다. 기관장 Sabina Alkire에 따르면, 모욕감 측정의 목록들은 볼리비아의 갤럽 여론 조사에서 사용되었고, 아홉 개의 다른 나라들의 연구에도 사용되고 있다.

암 환자들

RCT는 Kayser와 그의 동료들의 여러 연구에서 암에 대처하는 여성들에게 활용되어 왔다. 이 연구들에서 관계적 대처relational coping는 친밀한 관계 속에 형성되며 지속적으로 발전되는 여성의 대처 능력들로 개념 지워졌다(Kayser, Sormanti, & Strainchamps, 1999). 상호성 같은 관계적 요소들은 암에 적응해 가는 여성들에게 중요한 영향을 주는 것으로 나타났다. 특히 상호성은 높은 차원의 삶의 질과 자기 돌봄의 역량과 깊이 연관되어 있으며, 우울증과는 부정적 관계가 있는 것으로 나타났다. 2년 이후 연구에 동참한 여성들을 대상으로 한 후속 연구에서 상호성과 여성의 암에 대한 대처 능력은 동일한 강도의 관계성이 있는 것으로 발견되었다(Kayser & Sormanti, 2002). 이러한 연구들에 있어 공통적 주제는 여성이 자기돌봄과 타인 돌봄의 균형에 대해 다시 생각하게 된다는 것이다. 따라서 여성 환자에게 있어 어떻게 친구들과 가족 구성원들과의 관계를 유지하는가에 대한 관심은 진단과 치료 과정에 언급되어야 할 필요가 있다.

관계적 대처라는 개념은 암에 대처하는 커플들에게 확장 적용되었다. 초기의 연구들이 여성의 대처를 관계적 맥락에서 개념 지었다면, Kayser의 최근 연구(2005)는 커플이 공통적 스트레스 요인에 직면했을 때 어떻게 함께 이에 대처해 가는가, 다시 말해 이들의 대응이 어떻게 두 사람의 상호적 현상으로 개념 지워지는가에 관심을 두었다. 관계적 대처에 있어 두 가지의 구체적 패턴인 상호 반응성과 회피에서의 탈피가 유방암에 대처하는 커플의 연구에서도 확인되었다. 관계 인식의 관계적 질, 진정성 그리고 상호성은 커플들이 보인 대처양식에 있어 중요한 역할을 한다(Kayser, Watson, & Andrade, 2007). 여성의 암에 직면한 커플들을 위한 치료 계획안이 최근 Kayser와 Scott(2008)에 의해 발간되었다. 커플을 바탕으로 한 이 접근은 고통스러울 수 있는 경험을 각자가 상대방과의 관계를 통해 성장하도록 변화시킬 수 있는 커플들의 장점을 기초로 만들어졌다. 최근 Kayser와 그의 동료들은 유방암에 대처하는 인디언과 중국인 커플들의 연구에서 관계적 대처의 문화적 맥락에 초점을 두고 있다. 이 연구는 커플의 대처양식들에 영향을 주는 사회문화적 요소들을 연구한다.

모성적 양육

고립, 양육에 대한 불안, 도움의 부족 또한 제한된 자원, 산후 우울증으로 인해 위탁된 새롭게 엄마가 된 이들을 위한 중재 프로그램은 RCT의 또 다른 적용을 보여 준다(Paris, Gemborys, Kaufman, & Whitehill, 2007). 가정을 방문하는 자원봉사자에 의해 진행된 이 프로그램은 자원봉사자의 선발, 훈련, 슈퍼비전의 일관성을 제공하는 특별한 관계적 관점을 가진다. RCT는 자원봉사자들이 새롭게 엄마가 된 이들과의 활동을 돕는다. 상호성과 진정성은 가정 방문 관계에서의 특징이다. 위기에 처한 15명의 엄마들에 대한 자원봉사자의 방문을 통한 질적 연구는 긍정, 지지, 일관성, 감정적이고 도구적인 도움이 새롭게 엄마가 된 이들에게 중요하다고 제시한다. 아이들을 돌보는 것에 대한 자기확신은 증가하고, 이들은 대인관계를 더욱 추구하게 된다. 새롭게 엄마가 된 이들은 얼마나 자신이 외롭고 단절되어 있는지 놀라게 된다. 가정 방문자들과의 관계들은 긍정적인 용어들로 표현된다. 중재의 결과로 대부분은 엄마로서 더욱 능력 있고, 관계적이고, 격려를 받고, 돌봄을 받는다고 느낀다. 이 연구는 특히 관계적 모델을 기반으로 한 자발적이고도 전문적인 가정 방문 형태의 중재 방법의 유용성을 지적한다. 이는 다른 지역사회 기관의 본보기 역할을 할 수 있었다(Paris & Dubus, 2005; Paris et al., 2007)

관련된 연구

미국 심리 학회The American Psychological Association: APA는 성인을 위해 실증적으로 지지된 치료들empirically supported treatments: ESTs을 찾기 위해 노력해 왔다. Norcross(2002)는 "한 인간으로서 치료자는 변화의 중심적 매개자다… 임상적 경험과 연구 결과들은 치료 관계가 특정한 치료 방법들만큼 치료 결과의 격차를 가져온다는 점을 강조한다." (p. 5)고 지적한다. Norcross는 실증적으로 지지된 치료들보다 실증적으로 지지된 치료 관계들empirically supported therapy relationships: ESRs을 확인하는 것이 중요하다고 본다. APA 분과 29(심리치료) 위원회는 이러한 프로젝트를 진행해 왔다(Norcross, 2002). 위원회의 참석자들은 치료적 접근들과 관계 다양성 두 가지 모두가 치료의 결과에 공헌한다고 제안한다.

RCT를 기반으로 하지 않는 관계의 중요성에 대한 연구로서, Resnick와 그의 동료들(1997)은 1만 2,000명의 청소년을 대상으로 한 연구에서 한 명의 성인과의 강한 감정적 연결은 청소년이 감정적 스트레스로 고민하거나, 자살 생각이나 행동을 하거나, 폭력에 가담하거나, 술이나 약물을 남용하는 등의 가능성을 감소시킨다는 것을 발견하였다.

UCLA의 스트레스 연구 전문가인 Shelly Taylor는 스트레스에 대한 전형적 '투쟁-도피fight or flight' 반응에 대한 거의 모든 연구들이 남성을 대상으로 이루어졌다고 지적한다(Taylor et al., 2000). Taylor와 그의 동료들은 여성을 대상으로 한 스트레스 연구들로부터 여성들은 다른 반응, 소위 배려와 친교tend-and-befriend 반응을 갖는다는 것을 발견하였다. 스트레스를 받을 때 여성들은 마음을 가다듬고, 의논하고 또는 대화를 하기 위해 다른 대상을 찾는 경향이 있는 것이다. 부분적으로 이는 스트레스를 받는 상황에서 여성 뇌 속의 옥시토신을 방출하는 것과 관계가 있는 것으로 보인다. 이 호르몬은 사회적 불안의 접근과 감소를 구하는 것과 연관되어 있어 때때로 친화 호르몬affiliative hormone이라고 불린다. 이 연구는 스트레스를 연구함에 있어 성별 분석이 필요하며, 특히 스트레스를 받는 여성들에게 타인과의 관계를 갖는 것의 중요성을 지적한다.

신경과학적 발견들

뇌는 천억 개 정도의 상호 연결된 신경세포들로 구성되어 있다. 태어났을 때 뇌는 신체의 가장 미분화된 기관이다. 뇌 발달과 기능에 있어 가장 강력하고 결정적 영향 중의 하나는 관계다. 특히 돌보는 사람과의 초기 관계에 반응하는 뇌 부분인 안와 전두 피질orbitaofrontal cortex: OFC은 초기 3년 동안 많은 간소화 과정을 겪는다. 뇌는 내부적으로는 신경세포들 간에, 외부적으로는 반응적인 돌보는 사람과의 관계를 맺도록, 또한 관계를 맺는 것을 배우도록 프로그램 된다. 뇌 발달에 있어 새로운 연구는 '엄마로부터 아이에게'라는 일방적 영향의 통념을 무너트린다. 우리는 이제 엄마의 뇌 활동이 아이의 뇌 활동에 직접적으로 영향을 주며 또한 아이의 뇌 활동에 의해 영향 받는다는 것을 알게 되었다(Schore, 1994). 각 개인은 타인에게 영향을 주고 받는다. 공감적 교환을 통해 쌍방은 그들 각자 뇌의 반응적 화학물질의 방출/전달에 의해 적극적으로 영향을 받게 된다. 발달의 통로는 상호성과 반응성의 통로다. 눈 맞춤, 얼굴 표정, 목소리의 높낮이는 모두 감정적·신경학적 반응에 영향을 준다(Goleman, 2006). 상호 간의 응시는 엄마와 아이의 모노아민 신경전달물질들monoamine neurotransmitters의 수준을 증가시킨다. 상호 간의 응시 속에 돌보는 사람과 아이는 인지되고, 상호작용하며, 상호 적응함으로써 더 큰 에너지를 갖게 된다. 신체를 접촉하고, 잡아 주고, 안아 주는 것은 신경전달물질들의 방출을 촉진한다. 뇌 성장과 발달은 돌보는 사람과 아이 사이의 강한 상호작용이 있는 초기 단계를 넘어 지속된다.

Eisenberger와 Lieberman(2003)은 사회적 고통, 배제, 배제에 대한 예측은 육체적 고통처럼 뇌의 같은 영역인 전대상피질anterior cingulate cartex: ACC에 기록된다고 지적한다. ACC는 모든 중추신경계 중 아편계 물질 수용체opioid receptors의 가장 높은 밀도를 갖는다. 아편 유사제들opioids은 사회적 접촉을 통해 방출되며 육체적·사회적 고통을 감소시킨다. 몸과 신경계는 '우리는 관계가 필요하다'라는 진실을 보인다. 사회적 관계들은 공기와 물과 같다. 우리는 살아가기 위해 이들이 필요하다. 우리는 이들로부터 단절될 때 고통을 느낀다. 육체적으로 돌봄을 받았으나 사회적 상호작용이 없는 아이들은 죽게 된다. 과거 사회과학자들은 돌보는 사람과 기본 욕구의 중단과의 연관성을 이유로 관계의 중요성을 논의하였다. 예를 들어, 엄마의 얼굴은 돌봄이나 수유와 연관되었다(Eisenberger & Lieberman, 2003). 관계에 대한 필요는 그 자체로 권리를 가진 본질적 동기로 간주되지 않았다. RCT는 인간이 일생 동안 사회적 관계가 필요하다고 보며 신경학적 연구들은 이러한 주장을 뒷받침하고 있다.

단절되는 것은 고통을 생산하고, 사회적 고통은 진정한 고통이다. Eisenberger와 Lieberman은 배제와 배제의 예측에 따른 사회적 고통은 육체적 상해에 의한 고통처럼 뇌의 같은 영역에 똑같은 신경경로를 통해 등록된다고 말한다. 개인의 고통은 관계의 상실이나 관계 상실에 대한 예측에 부차적이라는 생각을 넘어서서, 이는 소외, 거절, 사회적 고립이 심각한 고통을 야기한다고 보는 RCT의 논점을 지지한다. 우리의 문화에서는 종종 심리적 또는 감정적 고통은 육체적 고통보다 실제적이거나 중요하다고 생각되지 않는다. 이는 '생각하기 나름'인 것이라 경시된다. 따라서 만약 우리가 사랑하는 사람으로부터 분리되는 것을 두려워하거나 친구들이나 동료 집단으로부터 거절당해 심각한 고통을 느낀다면, 우리는 종종 겁쟁이처럼 '지나친 관심을 요구'하거나 심하게 '약한' 사람으로 간주된다. 이는 만약 우리가 눈물을 참고 고통을 '삼켜 버린다'면 우리는 '더 나은' 사람이라고 생각하는 강자심리의 일부다. 이러한 생각은 남성에게 더욱 두드러진다. 사회적 고통에 대한 평가절하는 사회적 편견, 억압 그리고 괴롭힘에 의한 고통을 약소시키도록 한다. Eisenberger와 Lieberman는 "육체적 위험의 예방에 관련된 고통의 원리pain mechanisms는 사회적 분리를 예방하기 위해서도 사용된다."(2003, p. 4) 우리의 뇌는 육체적 상해로 인한 고통뿐 아니라 대인관계의 상처와 사회적 고립을 피하도록 프로그램 되어 있다.

이 연구는 고립이나 배제로부터 오는 개인의 고통을 이해하는 데 중요한 의미를 갖는다. 관계나 소속감이 없다면 인간의 행복은 위험에 처하게 된다. 그러나 이 연구는 또한 깊은 사회적 의미를 제시한다. 이는 소외되고 배척된 사람들이 진정한 고통에 괴로워하며 남겨져 있다는 것이다. 이는 인종차별주의, 동성애 혐오, 성차별을 비롯한 사회적 소외의 모든 형태가 주는 고통이 실제적이라는 것을 보인다. 인종차별, 이성애, 계급주의는 침묵하게 하거나 힘을 박탈할 뿐 아니라 개인에게 파괴적 영향을 주는 진정한 고통을 야기한다. 이러한 결과는 RCT의 사회정의의 의견을 지지한다. RCT는 인간 존재가 기본적으로 관계를 지향하며, 사회 구조를 계층화하는 것은 많은 사람에게 만성적 고립과 힘의 박탈을 가져다준다고 본다. 배타와 소외로 인한 고통의 근거를 심각하게 고려하는 것과 분리의 지배적 패러다임에 도전하는 것은 사회정의를 향한 행동을 이끌어 낸다. 상호 존중 관계라는 본질적 가치를 기초로 한 사회정치 제도는 더욱 바른 사회로의 변화를 이끄는 제도가 될 것이다. 대부분의 이론들과 달리 RCT는 명백하게 심리적 패러다임을 사회정치적 영역까지 확장한다. 상호작용이 뇌에 미치는 영향에 대한 이론들과 더불어 개인 뇌의 관계 발달에 대한 관찰의 결과는 이러한 관점에서 사회적 의미를 부여한다.

안와 전두 피질OFC의 성장은 부모의 조율에 의존한다. 만약 부모가 반응적이지 않거나 가학적이라면 아이는 분노, 공포, 수치심 같은 괴로운 감정들의 기간, 강도 또는 횟수를 조절하는 능력이 결핍된다. Daniel Siegel(1999)은 공감적 조율 속에서 엄마와 아이의 뇌가 변화한다고 언급한다. Alan Schore(1994)는 OFC의 성장은 관계적 경험에 달려 있다고 주장한다. Goleman(2006)은 Schore의 연구를 조명하면서 감정적 기능부전의 신경학적 위치가 OFC라고 말한다. 비록 Schore와 Siegel은 뇌의 형성에 있어 초기 양육관계의 중요성을 언급하지만, 이들 모두는 또한 인생 후반의 양육관계—RCT에서 말하는 성장지향적 관계—가 이러한 신경경로의 일부를 다시 바꿀 수 있다고 본다. RCT는 이러한 신경학적·관계적 보수repair가 관계적 심리치료에서 강력하게 일어난다고 주장한다.

신경가소성neuroplasticity에 대한 새로운 자료를 통해 우리는 어떻게 상호작용이 우리 뇌를 변하게 하는가를 배우고 있다(Begley, 2008; Doidge, 2007; Merzenich, 2000). 실제로 신경세포들의 모양, 크기, 개수와 그들의 시냅스 연결들synaptic connections은 관계들에 의해 정리된다. 이는 인생 후반에 성장지향적 관계들이 오래되고 파괴적인 신경 패턴들을 어느 정도 개정할 수 있다는 낙관적 입장을 갖게 한다.

RCT가 발달적·임상적 모델로 처음 형성되었을 때 회의적인 시선들이 있었다. 치료적 투명성transparency은 극단적으로 말해 '빈 스크린'이라고 하는 치료자의 불투명성의 일반적 활용에 도전이 되는 것으로 여겨졌다. 많은 이들이 이러한 접근의 오류를 보았지만, 또 다른 이들은 이는 '치료'를 위해 필수적이며 상호 공감은 내담자로 하여금 '치료자를 돌보아야' 한다는 느낌을 갖게 할 것이라 우려하였다. 관계에 임하는 새로운 방법을 배우는 것, 즉 타인에 대한 자신의 영향을 내담자가 볼 수 있도록 하는 것과 자신이 '영향을 준다'는 느낌을 갖는 것의 중요성은 존중되지 않았었다. 특히 인정할 수 없거나 학대적인 관계 속에 사는 이들에게 치료자로부터의 반응성 responsiveness은 안전감을 형성하는 데 중요하다. 학대의 생존자들에게는 자신의 약함을 보호받아야 할 곳에서 강자와의 관계를 갖는 것은 편안함보다는 불안을 야기한다. RCT는 새로운 관계적 경험들을 통해 관계적 이미지와 신경학적 반응들이 재형성될 수 있도록 돕는다. 동시에 내담자는 본래의 기대감을 내려놓고 과거의 이미지들에 새로운 의미를 부여하는 장소라는 관점을 갖게 된다. 최근의 신경과학 연구들은 관계적 참여를 통한 신경가소성의 관점을 적극 지지하며, 상호 관계를 향한 본질적 활동을 강조하고 또한 RCT의 이론 모델의 효능을 확증한다.

적용과 발달

관 계문화이론RCT은 시작된 지 30년이 지난 지금까지 장기 개인 치료에 주로 적용되었다. 하지만 다양한 접근 방법의 여러 치료자들은 RCT를 자신의 작업에 접목시켜 왔다. 이 장에서는 몇몇 비교적 새로운 시도들을 짧게 소개함으로써 RCT가 향후 어떻게 발전해 나갈지 제안하겠다.

치료 환경과 기법

부부 치료

RCT는 부부 치료와 부부 집단 치료에서 사용되어 왔다. Bergman

과 Surrey(1994)는 관계적 접근을 시도하며 나_I가 아닌 우리_WE의 중요성을 강조한다. 부부 집단 치료를 시작할 때 각자 개인을 소개하기보다는 그들의 '관계'를 소개하라고 한다. 부부는 관계의 목적에 관한 성명서를 작성하기도 한다. 부부 치료에서는 관계 인식을 발달시키며, 상호 공감적인 관계를 지향하도록 하고, 상호 책임과 성역할에 관해 다루는 것을 중요한 관계 원칙으로 삼는다. 많은 부부를 병들게 하는 권력과 통제의 주제를 탈피하기 위해 상호 영향의 개념은 유용하다. 치료 이외에도, 관계가 갖는 힘을 더 잘 이해하고 자기, 상대 그리고 관계를 인식하는 틀을 발전시키는 데 RCT가 사용되었다(Shem & Surrey, 1998). 부부 치료에서 애착 유형의 중요성에 관한 Johnson(2008)의 연구도 RCT 치료와 많은 공통점을 가지고 있다.

가족 치료

Mirkin(1990)도 가족과 부부 치료에 RCT를 적용하였다. 부부가 어떤 문제를 경험할 때 그 문제는 가족 역동과 같은 더 넓은 상황과 결부되어 있다고 이해하였다(Mirkin & Geib, 1999). 문제가 명확해지고 명명할 수 있게 되면, 부부는 다시 공감과 관계를 회복한다. Mirkin(1998)은 이민자의 부모-자녀 간 단절 경험을 단순히 개인적인 갈등이 아닌 문화 적응 과정의 문제로 재조명하였다. 청소년을 둔 가족은 갈등을 피하는 것이 갈등 그 자체보다 관계를 더 단절시킬 수 있다고 보았다. 청소년과 가족 관계에 있어서는, 분리하는 것에 신경 쓰기보다는 연령에 적절한 관계를 발전시켜 나가는 것을 목표로 해야 한다고 제안한다(Mirkin, 1990, 1994). 이런 점에서

Carter와 McGoldrick(2005)의 '상황 속의 자아self in context'의 개념은 RCT 초기의 '관계 속의 자아'와 '관계적 자아' 개념과 유사하다.

집단 치료

개인적 · 문화적 변화를 촉진하고 유지하는 데 있어서 집단이 갖는 힘이 점점 더 인식되어 간다. 12단계 프로그램은 중독에 관한 이해와 치료 문화를 전환시켰다. 다른 RCT 치료와 마찬가지로, RCT 집단 치료에서는 "진실되고 반응이 있는 만족스러운 관계를 갈망하는 것과 관계에서 멀리 있기 위해 쓰는 전략 사이의 변증방식이 가장 중요한 경험이다"(Fedele, 1993, p. 202). 핵심적 관계의 모순central relational paradox처럼 관계를 열망하면서도 단절함으로써 자기를 보호하려는 움직임이 집단 치료에서는 나타나는데, 이것은 존재감을 느끼고 싶고, 이해 받고 싶고, 수용되고 싶은 마음이지만 동시에 공감받지 못하고 수용되지 못할 것 같은 두려움으로 표출된다. 집단에서는 일시적 단절에 관한 작업을 할 수 있는 충분한 기회를 제공한다. 여기에서 관계 회복탄력성relational resilience이 형성된다. 집단원이 다른 구성원들에게 공감함으로써 자기경험에 새롭게 공감받는 경험을 하게 된다.

심리교육 집단

RCT는 회기가 정해져 있는 심리교육 집단에서도 사용된다. 교육 토론 그룹과 관계 인식 작업을 포함하는 8회기 프로그램이 개발되었다(Jordan & Dooley, 2000). 이 프로그램에서는 교육과 실습이 포함된 RCT의 핵심 과정이 소개된다. 여자 교도소의 수감자와 교정관, 트라우마 치료 병동, 만성적 정신장애 환자, 10~12살 남학생을 위한 단체, 나바호 아메리칸인디언 청소년들, 청소년 지원 센터의 입주 프로그램의 여학생들, 병원의 직원들, 이 외의 많은 집단을 위해 프로그램이 진행되었다. 매 회기마다 구조화된 프로그램과 읽을 자료를 제공하는 것 외에도, RCT의 핵심 개념이 설명되고, 참석자를 위한 자료가 제공되었다.

관계문화 마음다함

RCT는 기법이나 기술에 기반을 두지 않는다. 차라리 관계(다른 관계뿐만 아니라)를 탐색하는 것이 핵심 기술이다. 그리고 이를 위해 사용할 수 있는 몇 가지 도구가 있다. 치료자가 보이는 반응의 질에 따라 RCT 치료의 성과가 달려 있기에, 치료자가 단순한 자극에 의한 반응reaction이 아닌 공명共鳴, response하며 존재하도록 노력해야 한다. 관계문화 치료자에게 마음다함 훈련은 매우 유익할 수 있다. 관계문화 마음다함은 단순히 우리 마음과 감정에 지나가는 이미지와 생각 또 몸의 반응에 뿐만이 아니라, 명상적 태도로 관계에 임하기 위해 우리 인식과 조율을 확장해 나간다는 것을 의미한다. 무엇보다도 '이기주의적인' 메시지가 가득하고 자아 중심적인 문화에서는 관계와 공동체에 대한 관심을 강조할 필요가 있다(Jordan, 1995; Surrey, 2005; Surrey & Eldridge, 2007).

구체적으로 마음다함 명상은 치료자와 내담자 모두를 위해 중요한 대인관계 도구가 될 수 있다. 우울증, 불안 그리고 많은 다른 심리 상태에 명상이 효과가 있다는 보고가 증가하고 있고(Begley, 2008; Goleman, 2006; Williams, Teasdale, Segal, & Kabat-Zinn, 2007), 명상이 뇌 구조 변화에 영향을 준다는 보고도 많다(Begley, 2008). 그렇기 때문에 내담자에게 부차적 명상 훈련이 권장되며, 치료자의 효능을 증대시키기 위해서도 명상을 제안한다. 독일의 한 연구는 9주간 18명의 수련 중인 치료자에게 치료받은 124명의 입원환자들을 조사하였다. 명상을 하는 환자에게서 더 높은 평가가 두 분야, 즉 명료화와 문제 해결 관점에서 나타났다. 그들은 전체 치료 결과도 월등히 높은 평가를 얻었으며 증상이 현저하게 줄어든 것을 알 수 있었다(Grepmair et al., 2007).

보조 방법

치료에서 약물은 중요한 역할을 한다. 내담자가 즉각적 반응을 보이거나 극단적인 부정적 관계 이미지로 인해 치료에 앉아 있기도 어렵다면, 약물을 복용하는 것이 치료 관계를 맺는 경험을 하는 데 도움이 된다. 약물은 외상후 스트레스 장애PTSD를 앓고 있는 내담자를 신경생물학적으로 차분하게 만들어 줘서 새로운 배움을 경험하고 관계 방식을 형성할 수 있도록 한다(Banks, 2005; Van der Kolk, 1998). 많은 RCT 치료자는 관계를 맺는 데 방해가 되는 증상을 조절하기 위해 인지-행동 접근법도 사용한다. 트라우마 치료에 변증법적 행동 치료DBT와 안구운동 둔감화 재처리법EMDR도 활용하며, 가족 치료 또는 이야기 가족 치료가 RCT 치료와 상당 부분 호환적이다.

특별 이슈와 대상

PTSD

RCT 치료는 PTSD로 고통받는 내담자를 치료하는 데 특히 더 효과적이다. 여러 면에서 외상후 스트레스 장애는 관계와 고립의 문제다. 트라우마를 겪은 사람들은 안전하지 않고, 성장을 지향하지 않는 관계를 경험하며 살았다. 방어적 생존 전략을 세웠어야만 했는데, 이는 현실의 경험과 격리되며 자신의 취약한 부분을 보일 만큼 관계가 안전하게 느껴지지 않는 것을 의미한다. 트라우마를 경험한 사람들은 경직됨, 자기비난, 고립감, 수치심으로 힘들어한다. 트라우마를 치료한다는 것은 다시 관계를 맺어 갈 수 있도록 돕는 것을 의미한다(Herman, 1992). 트라우마는 내담자로 하여금 치료 상황으로도 자극될 수 있는 엄청난 공포를 느끼게 만든다. 아동기 성적 또는 신체적 학대의 공포는 치료 과정에서 특별히 더 드러나는데, 닫힌 문 뒤에서 자신의 취약한 부분을 나누게 되는 상황이나, 자신보다 더 많은 힘을 가진 믿을 수 있는 사람이라고 생각하는 상황이 어린 시절의 학대받은 피해 경험을 자극할 수 있다.

이런 이유로 PTSD 치료 과정에서 초기 몇 주나 몇 달 동안 갑작스러운 단절, 집약된 감정, 자기파괴적인 행동이 많이 나타난다. 트라우마 생존자들은 관계 속에서 약점을 드러내게 될수록 공포와 자극이 심해진다(Banks, 2005; Herman, 1992). 그들의 (트라우마적) 단절 전략은 극대화되고, 과잉각성을 하게 되어 반사되는 반응이 증폭

된다. 다른 치료에서는 '일반적으로 나타날 수 있는 공감의 부족'도 생명을 위협하는 사건으로 여겨지고 치료자가 절대적으로 신뢰할 만하지 않다고 여길 수 있다. 치료자가 위험하며 위협적이라고까지 표현할 수 있다. 과하게 반응하는 편도체가 과장된 반응을 하도록 하는 것이다(Banks, 2005; Van der Kolk, 1998). 뇌화학적 반응은 비상 상태가 되고 더 심하게 고립되는 상황이 종종 발생한다. 치료자가 공감이 부족할 때 또는 관계로 점점 연결되고 있을 때 이런 트라우마적 단절이 일어난다는 것이 아이러니컬하다. 관계가 진행될 때 (더 가까워지고 진실해지며) 내담자가 단절 전략을 포기하면 공포가 시작되고 과민반응으로 단절하게 되는 것이다. 갑작스러운 변화에 당혹스러워도 치료자는 내담자로 하여금 자신을 보호하기 위해 거리를 두는 것을 허용해야 하며 더 깊은 관계로 발전될 것이라는 확신을 가지고 내담자 앞에 머물러 있어 줘야 한다. 이때 내담자에게 관계로 연결될 것을 강요하면 안 된다. 그 대신에 치료자는 내담자의 안내를 따라가며 내담자가 안전한 거리를 유지하고 더 확장된 관계로 나아가는 과정이라는 것을 알면서 머무르도록 도와줘야 한다 (Herman, 1992). 어떤 관계는 성장지향적이고 또 어떤 관계는 중요하지 않은지 분별하는 것이 PTSD 내담자가 치유되는 과정이다. 친밀함과 취약성의 정도를 스스로 조절할 수 있다고 느끼는 것도 중요하다.

약물 중독

Covington과 Surrey는 여성의 약물 중독 치료에 RCT가 효능이 있음을 설명하였다(Covington, 1992, 1999; Covington & Surrey, 2000; Jordan & Dooley, 2000). 대체로 여성들은 관계를 쌓거나 유지하려는 노력의 일환으로 약물을 사용한다. 하지만 관계를 유지하기 위해 약물을 복용하는 것은 고립과 수치심의 경험만 증대시킬 뿐이며, 중독은 그 자체가 관계가 된다. 약물 중독 위험군에 속한 여성은 일단은 사회적으로 고립되어 있고, 수치심이 치유적인 관계로부터 더 멀어지게 함으로써 고립감은 더 커지기만 한다.

AA나 Al-Anon과 같이 서로를 지지하는 집단은 관계 이론을 반영한다. 상호성이 강조되고 권위주의적이지 않아 도움을 받기도 하고 주기도 한다(Covington, 1994; Kilbourne, 1999). RCT 치료에 입각해 세워진 여성을 위한 약물 중독 외래환자 치료센터는 낮은 재발률을 자랑한다(Finkelstein, 1996; Markoff & Cawley, 1996).

섭식장애

RCT 치료는 섭식장애 치료에도 효과적이었다(Tantillo, 1998, 2000, 2006; Tantillo & Sanftner, 2003). RCT 치료에서 여성이 음식과의 관계 그리고 자기 자신과 타인과의 관계에서 겪는 장애는 인지된 상호성의 부재 때문에 아주 많이 발생한다. 상호성이 부족한 여성에게 섭식장애가 더 많이 발생하는 경향이 있다(Sanftner et al., 2006). 치료에서는 타인, 자기 자신과의 관계가 음식과 맺는 관계와 어떻게 연결되어 있는지 이해하고, 타인과의 관계에서 인지된 상호성을 증진시켜 나가도록 돕는다(Sanftner & Tantillo, 2001). RCT 치료에서 중요하게 여기는 자기개방의 사려 깊은 사용의 장점이 섭식장애를 치료하는 데 효능이 있다고 여겨진다(Tantillo, 2004). 내담자들이 입원해 있으면서 상호성에 대한 내담자의 자각이 달라져 엄마와의 상호성이 증가하였다(Sanftner, Tantillo, & Seidletz, 2004).

섭식장애로 고통 받는 젊은 여성이 날씬해야 한다는 문화적 부담감을 갖는 부분도 치료에서 다루어진다(Dooley, 2000; Kilbourne, 1999). 폭식과 구토로 인해 유지되어야 하는 비밀이 생기고, 이와 연관되어 지속적으로 단절되고 고립되면 우울증과 수치심이 유발될 수 있다. 섭식장애는 그 행동이 수치스럽고 비밀스럽기 때문에 극복하기 어렵고 복잡하다.

호스피스와 애도 작업

RCT 치료는 호스피스 작업과 애도 작업에 성공적으로 사용되어 왔다(Duffy, 2006; Wells, 2005). 애도 작업을 통해 애도가 상실된 관계의 힘과 중요성을 증명하기 위해 필요하다는 것을 알 수 있다. 중요한 관계가 상실되면 강력하지만 말로 표현하기 어려운 감정을 느낀다. 그래서 애도 과정에서 무슨 일이 일어날지는 알 수 없고, 애도하는 사람의 존재 자체가 중요한 관계가 상실된 영향을 받아 '정상적' 기능에 지장이 초래될 것이라는 것만은 알 수 있다. RCT 치료는 사랑하는 사람을 잃는 것에 얼마나 취약한지 안다. 우리가 슬픔과 애도 과정에 지지를 받으면 남아 있는 관계 속에서 실제로 자주

위안을 느낄 수 있다. 하지만 우리가 애도하지 못하거나 문화적으로 애도에 대한 비현실적인 기대를 요구한다면, 슬픔은 숨어 버리고 말 것이다. 이런 경우에 우울증이 시작될 수 있다. 슬픔은 다시 관계로 가는 퇴로를 열어 주지만, 우울증은 더 만성적인 단절로 이어지곤 한다. 이러한 관계적 · 문화적 변수에 주의하게 되면 내담자는 다시 관계로 돌아오는 더 큰 여유를 갖게 된다.

사회적 소수자의 경험

Walker(1999)는 사회적 소수자를 양산해 내는 과정에서 지배 문화가 자기 이미지, 상대의 이미지, 관계 가능성의 이미지를 왜곡시킨다고 주장한다. Patricia Hill Collins(2000)는 지배 문화가 구조적 억압 과정을 일반화시킴으로써 부정적 관계 이미지와 지배적 이미지를 유도한다고 말한다. RCT는 많은 이론적 접근과 다르게 문화, 인종, 인종차별주의, 사회계층, 성적 지향의 주제를 중요하게 다룬다. 또한 개인적인 단절 경험을 이해하는 데 있어서도 환경이 갖는 힘을 염두에 둔다. RCT가 권력관계 역동에 주목하고 환경의 중요성을 강조하기 때문에, 다양한 다른 문화, 인종, 민족 그리고 성적 지향 집단들과 치료 작업을 진행하기에 매우 적합하다. 치료자들은 내담자의 특정 상황에서 가장 강력하게 힘을 빼는 것이 사회적 요인이라 본다. 문제 요인을 개인, 부모 또는 가족에만 국한했을 때 사회가 배타적이고 수치심을 갖도록 하는 측면은 간과될 수 있다.

상담심리학

많은 상담심리학자가 RCT를 인정한다(Comstock, 2005). 특히 Comstock(2005, 2008)은 관계, 다문화 그리고 사회정의 능력을 연결 지으려 노력한 학자다. 그녀는 모든 사람들의 정신건강과 관계 발달에 영향을 미치는 성역할의 사회화, 권력, 지배, 사회적 소수, 종속의 문제들을 이해하는 데 RCT가 좋은 기틀을 제공한다고 본다. 상담자들이 공감발달에 대해서도 생각하는 방법을 제공한다. "심리 치료와 관계 발달을 다룬 관계문화이론에 의해 이 시대에 요구되는 충분하고 대담한 공감을 가능하게 하는 희망적인 도움이 제공된다."(Montgomery & Kottler, 2005, p. 98) 『Handbook of Counseling Women』이라는 책에서 Kopala와 Keitel(2003)은 "상담을 받는 대다수는 여성이며 수많은 책들이 여성심리학을 다루었어도, 여성들이 현대사회에서 맞닥뜨리는 일련의 문제만을 상담하는 데 기여한 책은 없었다."(p. xi)고 하며 RCT를 그 부족분을 채울 수 있는 치료 방법으로 기재하고 있다.

상담심리학에 RCT가 적용된 부분에 염두에 두어야 할 한 가지는, 분리된 자아의 심리학을 다루는 기존의 패러다임에 대한 RCT의 도전이 간과되었다는 것이다(Ivey, D'Andrea, Ivey, & Simek-Morgan, 2007). 그럼에도 Pedersen, Crethar 그리고 Carlson(2008)의 문화적 공감의 수용inclusive cultural empathy에 관한 연구는 사회적 환경의 중요성과 권력 분배의 중요성을 주장하는 데 크게 기여하였다.

슈퍼비전과 훈련

RCT는 다수의 심리학, 사회사업, 간호직의 많은 훈련 프로그램에 사용되었다. RCT 슈퍼비전은 슈퍼바이저로 하여금 관계에 대해 주의를 기울이고 관계를 존중하며, 핵심 RCT 개념의 관점으로 치료 역동을 이해하도록 한다. Downs(2006)는 "연결된 구심점을 강조함으로써 심리치료와 슈퍼비전과 같은 교차 관계가 복합적이고 조직적이라는 사실에 주목하게 한다."(p. 3)고 지적한다. RCT에서 슈퍼바이저는 슈퍼바이지와 내담자의 관계에 집중하기도 하지만, 슈퍼비전 자체에 영향을 주는 넓은 의미에서의 관계(전문적 관계 맺기와 같은)도 염두에 둔다. Downs가 가리키듯이 슈퍼바이저는 "상호적이며 반추적인 과정을 가능하게 하는 공간을 만드는 데 주력"(p. 8)하는 사람이다. 슈퍼비전에서는 상호 영향을 끼침으로써 배워 간다(Montgomery & Kottler, 2005). 슈퍼비전 관계 자체에서 진정한 변화가 일어날 수 있도록 양쪽 모두 열린 마음으로 영향을 받을 필요가 있다. 슈퍼바이지가 치료 과정에서 대두된 자신의 취약성과 불확실함을 나눌 수 있을 만큼 안전하게 느끼는 것이 중요하다. 슈퍼바이저는 자신이 전문성을 발달시키면서 경험했던 어려운 사례를 함께 나누는 것도 도움이 되는데, 그렇게 함으로써 문제 해결에 대한 적극성도 모델링할 수 있을 뿐만 아니라 슈퍼바이저는 완벽하다는 환상을 깰 수 있게 된다. "사이 공간-생각과 행동 사이, 확신과 의심사이, 가르침과 배움 사이 그리고 질문과 답 사이의 공간"(p. 11)에 주목해야 한다고 Downs는 말한다. Rock(1997)은 일련의 설문조사를 통해 훌륭한 슈퍼바이저는 슈퍼바이지의 학습과 정서적 요구를 모두 감지하고 있는 사람으로 이해되고 있다는 연구를 발표하였다.

비임상적 적용

여성의 심리를 설명하고 여성에게 상처를 주며 힘을 뺄 가능성이 있는 임상적 훈련을 변화시키려 RCT 모델이 발전했지만, 애초의 의도보다 훨씬 더 확장되어 갔다. RCT는 모든 사람을 더 잘 이해하는 데 초점을 맞추어 갔다. 또한 사회정의 차원에서 개인과 사회 집단이 계층화되고 소외되는 현상을 상세하게 기술하려 노력하였다. 오늘날에는 RCT가 이론적으로 확장되어 갈 수 있는 희망적인 분야들이 존재한다. 이러한 노력은 벌써 유용한 치료 방법들을 결과물로 만들어내고 있다.

조직에서의 활용

앞으로 새로운 리더십, 업무현장에서의 창의성 그리고 관계 기술의 중요성과 효과가 강조되는 RCT가 조직이나 단체에 더 적용되고 확장될 수 있다. Goleman(1997)은 업무현장에서 감성지능의 중요성을 지적했고, Senghe(1990)는 정보가 양방향으로 교류(그가 '배우는 조직'이라 칭하는)되는 것에 대해 강조하였다. 이 두 접근 방법이 권력, 젠더, 다양성에 대해 더 구체적으로 언급하게 되면 더 많은 발전이 가능할 것으로 본다. Fletcher(1990)는 조직 안에서 극도로 중요한 관계 기술을 중요하게 생각하지 않음을 언급하며 유연한 전문성, 공감적 가르침, 상호성이 업무현장에서 대단한 영향력을 행사할 수 있을 것이라고 제안한다. 기초 이론으로서 RCT를 사용하면서(Fletcher, 1995, 1999; Fletcher, Jordan, & Miller, 2000), Fletcher는 업무현장을 더 관계적인 환경으로 변화시킬 수 있는 몇 가지 중요한 기술들을 제시한다. 여기에는 공감 능력, 감성 능력, 진정성, 유연한 전문성, 취약성, 결과를 마음에 새김, 전인적 사고 그리고 반응 능력 등이 속한다. Fletcher가 네 가지 관계 연습이라고 부르는 것은 ① 지속하기, 삶과 작업을 통한 웰빙을 유지하기 위해 관계 활동을 지속하기, ② 상호 힘 불어넣기 또는 상대가 성취하고 기여하도록 돕기, ③ 성취하기 또는 관계 기술을 사용하여 자기 영향력을 증가시키기, ④ 단체 생활이 긍정적 결과를 가져올 수 있도록 협력적인 분위기를 만들고 단체 활동을 하기 등이다(1995, p. 272).

업무환경도 더 다양해지기 때문에 직장 내에서 사회적 소수와 문화적 '차이'를 어떻게 다루는지에 대한 중요성이 커지고 있다. 조직 생활에 적용되었던 RCT의 이론을 기초로 지속적으로 발전되어 간다면, 다양성의 주제에 대해 유용한 이론과 실제적 안목을 제공할 수 있는 잠재력이 커져 갈 것이다.

성인 남자와 남자 아이에 대한 이해

초기 RCT는 여성의 심리적 경험을 좀 더 정확하게 설명하는 것에 주로 중심을 뒀지만, 남성에 관한 주제도 다루어졌다. Bergman (1996)은 남성들이 관계 능력이 부족하며 '관계에 대한 두려움'을 가지고 있다고 했다. Pollack(1998)은 여성과 다르지 않게 남자 아이들도 관계에 대한 갈망은 있지만, 트라우마적이기까지 한 고착된 성역할에 대한 기대가 관계에 대한 갈망을 충분히 표현하는 것을 제한시키고 있다고 이해하였다. 지배 문화에 속한 남자 아이들은 자신의 감정으로부터, 특히 약한 모습을 드러내는 감정으로부터, 일찌감치 단절되었다는 연구가 있다. 남자 아이들의 성역할이 사회화되는 과정은 트라우마적 단절에서나 보이는 증상들을 보이고 있다고 Pollack은 지적한다. 남성이나 남자 아이들에게 수치심은 강력하게 작용된다(Pleck, 1981; Pollack, 1998). 단절에 대한 압박은 남자 아이의 발달에 영향을 끼친다. "내면에서 느껴지는 취약성, 관계에 대한 열망, 다른 사람을 필요로 하는 욕구로부터 단절하라. 타인에 대한 우월감을 가지고 단절하고, 강해져서 다른 사람 위에 서라."는 메시지를 느끼게 된다. 이 메시지의 대가는 너무 엄청나다.

이런 연구들은 남자 아이들 또는 남성을 다른 치료 방법으로 접근할 수 있게 해 주었고(Kiselica, Englar-Carlson, & Horne, 2008), 감성적이며 관계를 중요시하는 아들을 둔 부모들에게 도움이 되었다. Dooley와 Fedele(1999)는 엄마-아들 관계를 더 집중적으로 연구하며, 자신의 감성에 충분히 닿아 있으며 사회에서 요구하는 것 이상의 관계 맺기 능력이 있는 아들을 키우는 데 존재하는 어려움에 대해 설명한다. Dooley는 10세 남자 아이들과 관계 집단상담을 진행했으며, Dooley와 Fedele는 엄마와 전 연령의 아들을 위한 워크숍을 개최하였다. 이 작업에서 엄마들은 아들의 감성을 지지하려는 노력이 매우 고통스러움을 나누며, 남자 아이들의 취약성을 놀리고 꾸짖는 대상으로 삼는 사회에서 살아갈 수 있도록 아들을 양육하기 어렵다는 데 서로 공감한다.

관계적 자녀양육

RCT와 자녀양육은 많은 부분에서 연관되어 있다. 아동발달과 자녀양육에 관한 전통적 이론은 독립적인 존재로 교육하는 데 집중한다. 그로 인해 영아들도 따로 재우고, 부모로부터 신체적으로 분리된 시간을 많이 보내며, 자신의 욕구를 홀로 조절하는 것을 연습한다. 현대적인 자녀양육에 관한 안내서도 독립과 자율성에 관한 가치를 구현하고 있다. 이에 반해 Martha와 William Sears(2001)는 '애착 양육'에 관심을 가질 것을 제안하였다. 애착에 중점을 두어 반응의 중요성과 신체적 친밀함을 강조하고, 타문화에서는 엄마와 아이가 신체적·정서적으로 훨씬 더 깊게 연결되어 있다고 말한다.

관계적 자녀양육 모델(Jordan, 1998)이 제안하는데, 이 모델은 공감하도록 격려하고, 상호적인 관계와 상호적이지 않은 관계를 구분하며, 좋은 갈등을 존중하고, 서로의 차이로 인해 성장한다는 것을 강조한다. 관계적 자녀양육은 아이들로 하여금 자기인식을 가지고 사고, 감정, 행동을 구분하도록 하여 명료함을 개발해 가도록 돕는다. 또한 타인에 대한 인식도 촉진하는데, 타인의 감정, 욕구, 소통을 알아차리고 그에 대한 감각을 발달시키는 것이 심리적 성장의 필수적인 부분이라고 가르치고, 아이들이 듣고 소통하는 기술을 개발하도록 돕는다. 관계 역동에 관한 인식을 개발하는 것이 전반적인 관계를 습득하는 데 중요한 역할을 한다. 아이들에게 관계에 주의를 기울이고 자신의 행동이 다른 사람에게 끼치는 영향을 알아차리라고 알려 준다. 상호 공감과 공동체에 봉사하려는 가치는 격려되고 경쟁과 자립적인 성취의 절대성은 의문시된다.

차이를 존중하며 다양성을 중요하게 여기는 것은 아이의 사회화 과정의 핵심 요소다. 사회 문화가 자신에게 부여해 주는 의미, 문제를 해결하는 데 폭력을 과도하게 사용하는 문제, 소비주의를 강조하는 문화 그리고 주류세력이 아닌 사람들에 대해 파괴적인 꼬리표를 달며 우월한 자세를 갖는 것을 정밀하게 검토하도록 교육한다. 이것에는 성차별, 인종차별 그리고 편견적 태도에 의해 발생한 왜곡된 부분에 대해 주의를 기울이는 것도 포함된다. 관계에 대한 책임을 느끼고 개개인의 존엄성을 존중해야 한다. 아이들도 성장지향적 관계와 그렇지 않은 관계를 부모의 도움을 받아 구분하는 기술을 개발시켜야 한다. 가능한 대로 관계 회복탄력성도 지지한다. 상처받은 감정과 일시적 단절의 경험이 다시 관계를 맺는 힘으로 재생산될 수 있도록 아이의 조율 능력을 도와주는 것이다.

관계 자녀양육은 아이들에게도 흔히 존재하는 성역할의 고정관념의 중요성을 줄이도록 노력한다. 수치심의 경험도 가능한 대로 줄여 간다. 소외계층의 부모들이 아이들로 하여금 이중문화 속에서 살도록 가르치는 방법처럼, 아이들은 안전한 환경과 안전하지 않은 환경을 구분하도록 배운다. 이와 관련해 Beverly Greene(1990)은 흑인 부모들이 인종차별이 만연한 사회에서 자녀들이 생존하도록 돕기 위해, 어디에서 어떻게 자신의 일부분을 드러낼 것이며 또 어디에서는 안전감을 확보하기 위해 단절하고 불투명한 태도를 보여야 하는지를 기록하였다. 대부분의 부모들은 너무 일찍부터 아이들을 독립적이고, 경쟁적이고, 성역할의 고정관념을 갖는 아이로 키워야 하는 주류 양육방식과 충고를 불편하게 생각한다. 애착 양육의 방식과 더불어서 이 관계적 자녀양육 모델이 아이를 양육할 수 있는 다른 대안을 제시해 주기를 바란다. 이 방법들은 가족만이 아니라 사회 전체를 변화시킬 수 있는 잠재력을 지니고 있다.

관계문화 윤리

RCT 관점은 윤리와 윤리적 원칙을 다시 고려하도록 한다. Birrell (2006)은 다음과 같이 묻는다. 심리치료에서 윤리적이라는 것은 무엇인가? 윤리규정을 고수하는 것이 심리치료자를 윤리적인 사람으로 만드는가? Birrell은 임상적인 유용함을 위해 윤리적인 문제가 우선적으로 고려되어야 한다고 주장한다. 그녀는 우리가 "진실되게 윤리적이어야 한다는 것이 무엇인지 고민하지 않아서 어려움을 해결하는 것과 윤리 문제를 구분하지 못했으며, 규칙을 지키는 것이 관계를 쌓는 방법이라고 착각했고, 우리가 꼭 돕고 싶은 이들에게 오히려 아픔을 주기도 했다."(Birrell, 2006, p. 95)고 지적한다. Birrell은 훈련과 실제 치료 모두에 중요하게 기여할 수 있는 RCT 윤리를 발전시켜 나가고 있다.

향후 발전

관계의 신경생물학

RCT 개념을 인정하는 최근의 연구 중 가장 흥미로운 것은 뇌과학과 관계에 대한 연구일 것이다. RCT와는 별개로 진행된 연구이지만, 뇌과학의 결과들은 지난 30년간 RCT가 발전시켰던 모든 원리와 수칙을 지지하는 결과였다. 뇌의 기능을 인식하는 새로운 기술로 향후 5년 안에 치료자와 내담자, 부모와 자녀 그리고 친구와 친구 사이에서 일어나는 상호 반응과 공감이 일으키는 움직임을 뇌과학적으로 감지하고 설명할 수 있으리라 본다. 어떤 교류가 성장을 도모하고 그리고 어떤 관계는 개인의 변화를 방해하는지에 대한 정보가 제공될 것이다. MRI(자기공명영상) 또는 PET(양전자 방출 단층 촬영) 스캔으로 지금도 어느 정도 가능하지만, 이 기술은 아직도 침해의 요소와 너무 거대하다는 문제점이 있다. 지속적인 연구를 통해 관계문화이론의 주요 개념들을 확인시켜 줄 중요한 결과들을 찾아갈 것이다.

임상적 연구 결과

RCT 치료에서 이후에 더 관심을 가져야 하는 분야는 임상적 치료에서의 효능이다. RCT를 적용한 많은 연구 분야가 배출되지만, 이 이론을 이용한 임상적 연구 결과는 상대적으로 적은 편이다. 임상적 연구 결과가 늘어나면 RCT 이론이 더 확장되는 데 크게 기여할 것이다.

요약

관계문화이론RCT은 여성의 심리를 보다 잘 표현하기 위한 모델에서 시작하여 모든 인간에게 적용할 수 있는 심리학의 새로운 관계 패러다임을 제안하는 이론으로 지난 30년 동안 성장해 왔다. RCT는 전통적 서양 심리학들이 분리된 자아에 대한 연구를 지나치게 강조하고 인간 발달에서 관계의 중요성과 상황의 영향력을 과소평가한다고 지적한다. 또한 이러한 전통 모델들은 사람들을 왜곡시키고, 약화시키고, 단절시키는 사회경제적·인종적·성차별적 힘과 소외의 다양한 요소들의 힘을 과소평가한다. 개인적·사회적 차원에서의 이러한 단절들은 경제적 빈곤이나 힘의 박탈disempowerment 등의 막대한 고통을 야기한다.

심리학에서 분리에 대한 편견은 그 시초부터 발생하였다. 심리학의 과학적 타당성을 증명하기 위해, 새로운 학문영역으로서 심리학은 이차적으로 새로운 실체들을 형성하는 본질적으로 분리된 실체들로서 보이는 것들(분자들과 원자들)을 연구하는 학문으로 널리 알려진 뉴턴의 물리학을 모방한다. 역설적으로, 심리학이 뉴턴 물리학과의 동일시를 통해 그들의 권위를 유지하려 하지만 '새로운' 양자물리학quantum physics은 연구의 본질적 단위인 원자들보다 관계에 관심을 가져왔었다.

RCT 및 다른 이론적 접근들은 분리 심리학에서 관계 심리학으로의 본질적 패러다임의 전환을 이루기 위한 과정에 있다(Belenky et al., 1986; Brown, 1998; Gilligan, 1982; Jack, 1991; Mitchell, 1988). RCT의 차별성은 상황context의 중요성에 대한 지속적 강조와 더불어 힘의 역학power dynamics이 인간 상호작용에 어떻게 영향을 주는가에 관심을 갖는 것이다. 관계의 연구는 두 사람 관계, 핵가족 또는 확대가족을 넘어서 그 영역을 확대한다. RCT는 개인이 사회적 상황 속에 존재한다고 보고, 사회적 상황은 개인의 관계와 힘 불어넣기에 공헌하거나 단절이나 힘의 박탈을 경험하게 한다고 본다. 따라서 계층화stratification와 무력화invalidation의 힘들은 개인에게 상처와 아픔을 줄 뿐 아니라 지지와 성장의 공동체 자원들을 손상시키는 것으로 보인다. RCT는 관계적 · 문화적 · 사회적 영역을 연결하고, 심리생물학적 자료들을 종합함으로써 이론적 기초들을 보강하고 있다.

심리치료 영역에서 관계적 정신분석자들(Aron, 2001; Mitchell, 1988)은 '일인 심리학one person psychology'에서 '이인 심리학two person psychology'으로의 변화를 위해 적극적인 노력을 해 오고 있다. 몇몇 학자들은 상호성에 있어서 RCT와 비슷한 용어들을 사용한다. Robert Stolorow(Stolorow & Atwood, 1992)의 상호주관성intersubjectivity에 대한 이론적 설명은 RCT와 매우 유사하나, 관계적 정신분석의 실제적 적용은 실질적 관계에 관심을 두기보다는 변화를 가져오기 위한 통찰의 발달에 중점을 둔다. 이는 치료 관계에서 고립 경험의 실제적 변화에 그 강조를 두는 RCT 치료와는 다르다. 또한 이러한 이론들은 분리된 자아에 대한 질문들에 적극적으로 가담하지 않는 것으로 보이며, 계층화의 사회적 힘과 그 힘의 분석을 제공하지 않는다.

대부분의 정신역동 치료도 치료 과정의 이해에 있어 전통적 '일인 심리학'에서 '이인 심리학'으로 전환하고 있다(Safran & Muran, 2000). 그러나 이러한 치료의 대부분은 변화는 무의식적 갈등을 해결하고, 분석이나 해석 수단을 통해 무의식을 의식화함으로써 일어난다고 보는 관점을 아직도 유지하고 있다. 관계가 치료에 내포된다는 점에서 관계를 지지하지만 중심적 역할을 하는 것은 아니다. 예를 들어, 이는 무의식적 갈등이 일어나는 것을 해결하기 위한 '깊은' 작업을 위해 필요한 '치료적 동맹therapeutic alliance'으로 언급된다. 다시 말해, 치료적 동맹을 이루고 갈등을 이해하고 명료화하기 위해 개인의 공감을 사용하는 것은 더욱 견고하고 응집된 자아를 만들기 위해 중요하다고 여겨진다. 행동 수정의 기술적 작업도 치료자와 내담자 사이의 충분히 좋은 관계a good-enough relationship로 더 나아가기 위한 필요로 여겨진다.

반면에, RCT 치료는 치료 관계 자체가 치유의 중심에 있다고 본다. 공감은 단순히 개인을 이해하는 것만이 아닌, 고립감을 약화시키기 위해 사용된다. 상호 공감은 변화를 만들어 낸다. 우리는 우리가 타인으로부터 공감을 경험할 때 보여지고, 알려지고, 이해된다고 느낀다. 또한 혼자라는 생각이 약화된다. 우리는 함께한다고 느긴다. 우리는 친한 관계가 되었다고 느낀다. 부끄러움이 약화되고 자기가치감을 더욱 갖게 된다. 우리는 살아 있고 희망이 있다고 느끼며, 생각하고 행동하고 변화할 수 있다고 느낀다. 우리의 진정한 느낌들과 목소리들은 표현을 하기 시작한다. 목소리를 찾는 것은 대화의 경험이다. 우리의 목소리는 분리된 내적 자아로부터 나오는 것이라기보다는 말하는 사람과 듣는 사람에 의해 함께 만들어진다. 나 자신이 공감적·반응적으로 경청됨으로써, 나의 진정한 경험을 관계 속에서 더욱더 표현할 수 있다. 자아가 그러하듯 목소리voice도 은유적metaphor이다. 그러나 분리 속에 형성된 것으로 보이며 구체화된 자아와는 달리, 목소리는 관계 은유적이다. 또한 공감적 경청은 자신의 감정들과 생각들을 더욱더 표현하게 하는 경험의 확장된 표현이 일어나도록 돕는다. 듣는 것과 말하는 것은 적극적으로 힘을 불어넣는 과정이다. 우리는 문자적으로 말해 '목소리를 듣는다'. 우리는 다른 사람의 목소리, 행동 그리고 희망을 듣는다. 우리는 성장지향적 관계에 참여하고자 하는 욕구가 있다. 우리의 필요는 상호성을 위해서다.

신경생물학적 자료는 인간은 성장과 번영을 위해 관계가 필요하다는 관점을 강하게 지지한다. 우리는 상호 관계를 구하기 위해 준비된 상태로 세상에 왔다. 유아와 돌보는 사람 사이에 충분한 초기 상호성이 존재하고 장기적 스트레스가 부재할 때, 우리의 뇌는 성장하고 교감신경 기능과 부교감신경 기능 사이에 균형이 생기게 된다. 그러나 분리, 자발성 그리고 독립성을 지나치게 강조하는 우리의 사회적 상황은 인간의 기본적인 생물학적 성향들과 맞지 않다. 이러한 경쟁적 경향이 우리 모두에게 심한 스트레스를 가져옴으로써 심각한 딜레마가 생기게 된다. 우리의 개인주의적인 사회적 상황은 생물학적으로 인간에게 필요하다고 제시된 공동체마저 손상시키고 있다. 스트레스는 예견될 수 없는 성숙성에 대한 기준이 사람들에게 부여될 때 만성적이며 약한 수준에서 형성된다. 따라서 우리는 자율성과 분리에 의해 강해질 수 있다고 배워 왔다. 그러나 사실상 '혼자서 가는 것'은 고통과 부적절감을 가져온다. 우리는, 특히 남성들은 약해서는 안 된다고 배워 왔다. 그러나 매일 우리는 우리의 약함이 불가피함을 경험한다. 우리는 사랑하는 사람이 아프거나 죽는 것을 본다. 우리는 우리가 치료할 수 없는 병으로 인한 아이들의 고통을 본다. 우리는 부모님과 사랑하는 사람들이 노년의 불명예스러운 행위로 무너지는 것을 본다. 우리는 도시에서 청소년이 폭력에 가담했다는 내용, 아프리카에서 굶주리고 있는 아이들에 대한 소식, 감옥에서 괴롭힘을 당하는 사람들에 대해 종종 듣는다. 그러나 우리의 약함을 부인하기 위한 노력하에 우리는 '나보다 약해' 보이는 선택된 특정 집단에게 약함을 부여하는 경향이 있다. 우리는 '약한' 것처럼 보이는 사람들을 소외시키고 모욕한다. 우리는 배척과 소외의 진정한 고통을 과소평가한다.

RCT 치료는 고립에서 벗어나도록 돕기 위해 존중과 헌신을 바탕으로 한 반응적 관계를 제안한다. 이러한 상황에서 사람들은 만성적 단절로부터 치유되고, 수치와 고립에 묶여 있던 부적응적·부정적 관계의 이미지들을 재조정하기 시작한다. 에너지가 생성되고, 가치감이 증가하며, 창조적 움직임을 되찾게 되고, 그들의 경험과 관계들에 대한 향상된 투명성을 보인다. 더 나아가, 이들이 타인의 성장을 돕고 공동체에 의해 지지받는 관계들에 참여한다.

우리가 치료에 있어 변화를 촉진하는 것이 무엇인지 더욱 알아 가는 동안, 임상가들은 '무엇이 치료에서 긍정적 변화를 이끌어 내는가?'라는 질문을 지속적으로 물어야 한다는 요구가 있었다. 이 질문은 우리가 규칙적으로 물어야 할 질문이어야 한다. 우리는 또한 '무엇이 세상에 긍정적 변화를 가져오는가? 무엇이 우리로 하여금 심리치료를 심오한 분위기 속에서 개인과 작업하는 미시적 차원으로부터 집단, 사회 그리고 세계의 거시적 차원으로 변화하게 하는가?'라는 질문으로 확장할 필요가 있다. 동시에 우리는 어떻게 심리치료가 작용하는지 또는 어떻게 우리가 세상에 변화를 가져올 수 있는지 등의 우리가 답할 수 없는 많은 질문들을 존중해야 한다. 세상에는 많은 이론, 의견, 성공 사례 그리고 실패한 치료가 있다. RCT는 치료자들이 개인의 변화뿐 아니라 사회 변화에 대한 질문을 지속적으로 해야 하는 책임이 있다고 본다. 상황은 고통과 병리라 불리는 것을 이해하기 위해 필수적인 것으로, 우리가 기능하고 있는 사회 환경 속에서의 변화를 위한 필요가 언급되어야 한다. 치료자는 더 큰 문화가 단절과 치료를 요하는 우리의 고통을 만들고 있다는 것을 연구해야 할 특별한 책임을 갖는다. 또한 치료자들은 가능한 한 많은 사람들에게 행복을 조장해야 하는 책임을 갖는다.

RCT에 대한 비평은 관계의 중요성에 대한 강조가 개인으로 하여금 상처가 되고, 균형이 맞지 않으며, 상호적이지 않고, 학대적일 수도 있는 모든 종류의 관계들에 남아 있도록 한다는 것이다(Westkott, 1997). 하지만 이는 사실과 전혀 다르다. RCT는 우리가 성장지향적 관계 속에서 최상의 상태로 활동할 수 있으며, 관계 속의 단절과 오해들을 해결하기 위해 노력해야 한다는 것을 전제로 한다. 그러나 이러한 전제는 모든 관계가 성장지향적이며 건강하다는 것을 말하지는 않는다. 사실상, 이는 사람들로 하여금 성장지향적 관계와 파괴적 인간관계를 구별할 수 있도록 돕는다. 또한 이는 사람들로 하여금 자신을 보호하고, 필요하다면 해롭거나 중독적인 관계에서 벗어나라고 권고한다. 그러나 이는 '자신의 두 발로 서라'고 말하거나 '병리학적 의존성'을 극복하고 타인에게 '권리를 부여하는 것'을 멈추라는 것을 의미하는 것이 아니다. 이는 관계를 위한 지속적 필요가 인식되고 존중되어야 하며, 개인으로 하여금 자신이 의지할 수 있는 새로운 관계를 찾도록 지지하는 것이다.

우리는 현재 육체적으로는 의학적 질환들과 조기 사망의 문제, 감정적으로는 극심한 두려움, 불안, 우울 그리고 장기적 스트레스로 인한 징후 등 단절된 문화의 결과들을 알아보고 있다. 미국 내 4분의 1의 사람들은 인생의 어느 순간은 우울증으로 고통받을 것이며, 또 다른 4분의 1은 임상적 불안으로 고통받을 것이다. 또한 우리는 고립과 폭력의 상승과 공동체 참여 저조의 경향으로 점철된 공동체 와해라는 사회적 영향을 직면하고 있다(Putnam, 2000). RCT는 이러한 상황에서 벗어나는 방법은 성장지향적 관계에 참여하는 것이 모든 이에게 도움이 된다는 것을 깨닫는 것이라고 제안한다. 이는 자아 대 타인, 이기주의 대 자아부재라는 질문이 아니다. 관계 그 자체는 지지받고 격려받아야 한다. 공동체에 참여는 발전시켜야 할 필요가 있다. 사람들은 그들의 핵가족을 넘어서 타인의 행복에 기여해야 한다. 지배 문화는 이러한 인식을 폄하하고, 심리학은 불행하게도 '핵심'에 있는 이들로 하여금 분리 자아 의식the separate-self mentality을 갖도록 만들었다. 소외된 사람들은 이러한 편견들에 불리하게 영향을 받으며, 그들의 공동체를 설립하고자 하는 노력들은 종종 공격받고 비난받았다.

무력감helplessness은 종종 사람들이 자신이 변화를 이루고 세상에 영향을 줄 수 없다고 느낄 때 나타난다. 사람들은 자신들이 상관 없다고 느낄 때 희망을 잃는다. 고정, 고립, 자기비난, 압도되는 느낌, 자신의 상황에서 반응성을 찾을 수 없는 것은 절망을 가져온다. Seligman(1991)이 말하는 '학습된 무기력'은 절망의 행동적 수반물일 것이다. 이는 인간관계 속에서 단절의 결과로 나타나며 그 이상의 단절을 이끈다. 많은 치료자는 내담자로 하여금 희망을 다시 갖도록 돕는 것이 그들의 주된 업무라고 본다. 과학자, 철학자 그리고 신학자는 희망에 대한 정의를 다양하게 내린다. 대부분은 미래에 대한 긍정적 기대의 발달이라 명명한다.

RCT에서 희망은 타인에게 유대감, 성장, '중요함'을 경험하도록 하는 움직임에 대한 가능성으로 묘사될 수 있다. 이러한 관계적 희망은 우리의 기본적 관계성에 대한 인식과 믿음을 포함한다. 또한 이는 우리가 타인에게 영향을 줄 수 있으며, 우리의 성장을 도울 수 있는 방법에서 타인의 반응을 기대할 수 있고, 우리가 가치를 두는 관계에 영향을 주고 변화를 가져올 수 있다는 것을 말한다. 희망은 관계 속에서 나타난다. 희망은 변화가 일어날 수 있는 곳에서 나타난다. 희망은 반응성을 기대할 수 있고, 존엄성과 존중이 있는 곳에서 나타난다. 역설적이게도, 관계적 희망에 대한 도전이 위협받는 관계와 단절의 가장자리에서 우리는 또한 깊은 성장의 가능성을 찾을 수 있다.

Martin Luther King은 "진정한 긍휼true compassion은 구걸하는 사람

에게 동전을 주는 그 이상의 것이다. 이는 구걸하는 사람을 양산하는 체계가 변해야 한다는 것을 깨닫는 것이다."(2004, p. 43)라고 말한다. George Albee는 "정의 사회를 이끄는 급진적 사회 변화만이 감정적 문제들의 발생을 감소하게 한다."고 말한다(Caplan & Cosgrove, 2004, p. ii). 개인 심리학과 개인 병리학에 대한 강조와 함께 심리학은 지나치게 개인화된 책임전가misattribution를 조장하였다. RCT는 개인의 삶 속에서 일어나는 관계적 패턴들과 더 큰 문화 속에서의 만성적 단절과 힘의 상실의 본질을 이해하는 데 있어 개인 그 이상을 보도록 이끈다. RCT는 우리가 가진 변화에 대한 작고 큰 지혜들을 사회 변화의 영역으로 가져오도록 요구한다. RCT는 희망적 이론이다. RCT는 모욕하고 상처를 주는 관계의 힘을 인식함과 동시에, 치유하고 성장하도록 도우며 양육하고 자유롭게 하며 힘을 불어넣는 관계의 힘을 무엇보다 중요하게 인식하고 있다. 또한 엄청난 신경가소성neuroplasticity과 성장과 변화에 대한 능력을 가진 개인 간에 일어나는 관계들을 인식한다.

현재 과학기술적·신경학적 발전들은 단순히 치료뿐 아니라 사회를 변화시킬 수 있는 잠재력을 가지고 있다. 향후 5년 안에 우리는 치료자와 내담자에게 일어나는 신경학적 활동을 기록할 수 있는 (MRI와 비슷한) 기술을 갖게 될 것이다. 우리는 두 사람 사이의 감정적 조절에 상응하는 뇌의 활동과 성장을 관찰할 수 있게 될 것이다. 우리는 뇌 활동을 만드는 상호작용 속에서 일어나는 일들을 찾아내고 명명할 수 있게 될 것이며, 신경 경로들과 주관적 감정 경험들을 어떻게 효과적으로 변화시킬 수 있는지에 대해 더욱 알게 될 것이다. 우리는 사람들의 파괴적 편도체 반응을 조절하고 향상된 공감 능력을 발전시킬 수 있도록 사람들을 돕는 방법을 발견할 수도 있다. 이는 대인관계에 상처를 주는 공격적·반발적·폭력적 반응들이 기능적 자기공명영상fMRI 훈련을 통해 배울 수 있는 것과 같은 간단한 중재를 통해 변화될 수도 있을 것이다. 상처가 되는 보복적 반응들 대신에, 사람들은 더 나은 긍정적이고 창조적인 관계 회복탄력성과 평화로운 갈등 해결의 대안을 가지고 단절에 대처하는 방법을 배울 수 있을 것이다. 아마도 우리는 건강한 관계들을 지지하고 존중하는 사회 조직을 창출할 수 있고, 사회정의를 이루기 위해 전념할 수 있을 것이다.

우리는 이제 단지 관계적 반응성이라는 방대한 영역과 관계와 치유에 관련된 뇌의 영역을 연구하기 시작했다. 여성의 목소리를 듣는 것을 기반으로 한 이론으로부터 시작된 것은 정신의학과 심리학에서 가장 존중되고 정교한 영역 중의 하나로 여겨지는 신경과학의 영역으로부터 빠르게 인정받고 있다(Goleman, 2006; Siegel, 1999). 더 큰 문화는 아직도 타인에 대항하거나 타인을 넘어서는 홀로서기의 유익성에 대한 불가능한 이미지들을 유지하고 있지만, 우리는 이러한 것이 상호의존성과 좋은 관계를 통해 안정성을 찾는 인간의 진정한 본성에 맞서는 것이라는 것을 더욱 깨닫고 있다. 이제는 이러한 딜레마가 알려지고 다시 재정립되어야 할 때다. 일생 동안 관계를 향한 인간의 기본적 필요와 갈망을 강조하는 관계 심리학은 이러한 돌파구를 제공한다. RCT는 인간 발달을 위한 희망과 현실적 기준들을 제공한다. 또한 지배 문화 속에서 경쟁적 자기이익self-interes으로부터 상호 공감된 성장지향적 관계들을 일으키는 상호이익mutual interest 윤리로의 혁신적 변화를 지지한다. 이는 관계가 신경가소성과 인지적·감정적 변화를 자극한다는 것이다. 결국 관계는 삶과 창조적 성장을 지지한다. 관계들은 인간 의미 형성과 발달의 중심에 있다.

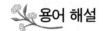
용어 해설

● 공감(EMPATHY)

타인의 경험을 '아는' (동조하고, 느끼고, 분별하고, 인지적으로 파악하는) 복합적인 감정적-인지적 기술이다. 공감을 통해 성장을 촉진하기 위해서 개인은 타인의 공감을 보고, 알고, 느낌으로 공감받았다고 생각되어야 한다. 다시 말해, 개인은 자신의 타인에 대한 영향을 알아야 한다. 이러한 상호 공감은 고립 경험을 감소시킨다.

● 공감적 가능성의 상실(LOSS OF EMPATHIC POSSIBILITY)

타인이 공감적이 될 수 없다고 느끼며 심지어 자기공감의 능력마저 잃어버렸다고 느끼는 감정이다. 개인은 본질적으로 깨진 관계는 무가치하다고 느끼며 수치심을 경험하게 된다.

● 공격성(AGGRESSION)

목표를 성취하기 위한 힘의 사용, 감정적으로 타인을 제어 또는 지배하거나 타인에게 상처를 주거나 파멸시키려는 시도다.

● 관계(CONNECTION)

이 용어는 모든 관계를 의미하는 공통된 용어이나, RCT에서는 관계를 상호 공감적이며 상호 힘을 불어넣을 수 있는 두 사람 또는 그 이상의 사람들의 상호작용이라 정의한다. 이는 감정적 접근성emotional accessibility을 포함하며 '다섯 가지 좋은 것'─활기zest, 가치worth, 생산성productivity, 명료성clarity, 그리고 관계에 대한 지속적 동기desire for more connection─을 이끌어 낸다.

● 관계 능력(RELATIONAL COMPETENCE)

관계에 자신도 효과를 주며 긍정적 영향을 끼친다는 경험하는 것이다. 자신도 중요한 존재이며 상대로부터 공감 받고 상호 영향을 받는다고 느낀다. 관계 능력은 상호성을 지향하며, 예기 공감을 발전시키고, 영향을 받으려는 개방된 자세를 가지며, 취약성을 위험의 자리가 아닌 잠재적 성장의 상태로 인식하여, 성장 과정에서 지배하려 하기보다는 좋은 관계를 만들어 가려고 하는 것이다.

● 관계 맺도록 만들어진(HARDWIRED TO CONNECT)

관계에 대한 인간 욕구의 생물학적 근거다. 신경과학적 자료는 뇌가 관계 속에서 성장한다고 주장한다. 즉, 인간은 관계를 맺도록 준비된 상태로 세상에 태어나며 단절은 실제 고통을 야기한다고 본다.

● 관계 이미지(RELATIONAL IMAGES)

'어린 시절 형성된 관계란 무엇이다' 하는 내면의 사진이다. 이런 이미지를 계속 발전시켜 나갈수록 어떤 관계는 왜 그런지에 대한 이해를 형

용어 해설

성해 간다. 그렇기 때문에 관계 이미지는 관계에서 어떤 일이 일어날 것인지, 또한 자기 자신에 대한 느낌까지도 결정할 수 있다. 이런 모습은 우리가 누구고, 무엇을 할 수 있으며, 얼마나 가치 있는지를 결정하는 무의식적 틀이 되기도 한다. 부정적 관계 이미지는 관계 능력과 가치 있게 느끼는 것이 부족한 원인이 되기도 하며 단절 전략과 절망적인 상태를 부추기기도 한다.

● 관계 인식(RELATIONAL AWARENESS)
자기 자신의 경험, 타인 그리고 관계에 대해 관심을 가지며 관계의 움직임을 명료화시키는 것이다.

● 관계문화적 마음다함(REALTIONAL-CULTURAL MINDFULNESS)
타인, 자신의 반응, 관계 그리고 문화적 상황에 관심을 더 두는 것이다. 관계 자체가 갖는 에너지와 모든 움직임을 인식하고 있고, 관계의 흐름에 관심을 갖고, 무엇을 찾아가기 위해서는 어떤 특정 상호작용이 일어나야 한다는 이미지를 내려놓고, 관계의 질과 관계 단절에 자신이 미치는 영향을 인식해야 한다.

● 관계적 움직임(RELATIONAL MOVEMENT)
관계는 보다 나은 관계 또는 단절의 증가를 향해 항상 움직인다. 상호 공감의 지속적 흐름과 함께 관계에 참여하는 이들은 더 나은 관계를 향해 움직인다.

● 관계적 자신감(RELATIONAL CONFIDENCE)

관계와 성장지향적 관계에 공헌하는 능력에 대한 자신감을 말하며 또한 타인이 그러한 관계 형성에 동참할 것이라는 신뢰다.

● 관계 회복탄력성(RELATIONAL RESILIENCE)

상호 힘 불어넣기, 어려운 상황과 트라우마 경험 그리고 고립시키는 사회문화적 압박에서도 성장지향적 관계를 추구하는 것이다. 관계 맺고, 다시 연결되려 하고, 단절을 거부하는 것이다. 공감적인 상호성을 지향하는 것이 관계 회복탄력성의 핵심이다(Jordan, 1992).

● 관계적 힘 불어넣기(RELATIONAL EMPOWERMENT)

효율성에 대한 공유된 느낌, 관계에 대해 행동하는 능력 그리고 관계를 향한 움직임이다. 관계 그 자체는 상호 공감을 통해 강화되고 확장된다. 상호작용 속에서 모든 인간은 보다 강하게 느끼고, 생동감을 느끼며, 더 창조적이 될 수 있고, 타인에게 힘을 불어넣는 것을 원하게 된다. 이는 또한 세계의 생산성과 창조성에 기여한다.

● 급진적 존중(RADICAL RESPECT)

한 사람이 현재 기능과 어려움을 야기한 환경에 대한 깊은 존중이다. 개인을 지금까지 살아 있게 한 대처 방법, 생존 전략, 내면의 지혜도 깊이 존중하는 것이다.

● 다섯 가지 좋은 것(FIVE GOOD THINGS)

Jean Baker Miller가 제시한 성장지향적 관계의 특성인데, 그것은 활기, 가치, 생산성, 명료성 그리고 관계에 대한 지속적 욕구다.

● 단절(DISCONNECTION)

상호 공감과 상호 간 힘 불어넣기가 일어나지 않는 관계의 상호작용이다. 일반적으로 실망감, 이해 받지 못한 느낌을 갖게 되며, 때때로 위험, 폭력 또는 곤경을 느끼는 것을 포함한다. 단절은 일시적acute, 만성적chronic 또는 트라우마적traumatic일 수 있다.

● 단절 전략(STRATEGIES OF DISCONNECTION)

사람들이 상처나 폭력을 예방하고자 관계에서 벗어나기 위해 발전시키는 방법이다. 또는 생존 전략strategies of survival으로 알려져 있으며, 이는 가능한 관계들을 만들거나 보존하기 위한 방법을 찾는 시도에서 발전된 것이다.

● 단절 전략에 대한 존중(HONORING STRATEGIES OF DISCONNE CTION)

개인이 관계를 피하기 위해 사용하는 전략에 공감하는 것이다. 전략을 사용하기 위해 자신의 욕구에 매우 민감해지며 그 전략이 없으면 안 될 것 같은 공포심을 느끼는 것까지도 공감하는 것이다. 관계에서의 가장 중요한 경험이 단절과 경계의 침범이었기 때문에 관계에 머무르지 않기 위한 전략을 세우는 것이다. 다시 말해, 단절 전략을 세울 중요한 이유가 있는 것이다(Miller & Stiver, 1997).

● 만성적 단절(CHRONIC DISCONNECTION)

관계 속에서 약자가 강자에게 상처나 단절을 표현하지 못하고, 관계 속으로 자신의 경험을 가져올 수 없도록 학습되는 악화되고 지속적인 역동이다. 약자는 관계에 적응하기 위해 진실하지 않게 되거나 자신의 감정이나 생각으로부터 자신을 분리시킴으로써 자신을 왜곡하기 시작한다. 단절의 소용돌이a spiral of disconnection가 자주 일어나게 되고 관계가 비상호적이 되며 성장과 가능성의 기회가 줄어들게 된다.

● 모순된 관계 이미지(DISCREPANT RELATIONAL IMAGES)

단절된 관계에 갇혀 있게 하는 부정적이고 지배적이며 고정된 이미지에 대비되는 관계 이미지다. 모순된 관계 이미지가 확장될수록 주된 관계에 대한 기대도 달라지게 된다.

● 분노(ANGER)

'무엇인가가 잘못되었다'는 것을 알리는 중요한 관계적 감정, 관계의 움직임에서 필요한 부분으로 개인적 차원이나 집단적 차원에서의 변화가 필요함을 암시한다. 이는 공격성aggression 또는 지배dominance와는 구별된다.

● 상호 공감(MUTUAL EMPATHY)

상대로부터 영향을 주고받는 것에 개방되어 있는 것이다. 상호 공감을 위해서는 각각의 상대가 상호 존중감, 상호 성장을 위한 의도 그리고 관계 능력이 향상되어야 한다. 상호 공감이 성장으로 이어지려면 상대로부터 반응을 받고 있음을, 영향을 끼치고 있음을, 그리고 서로에게 중요하게 여겨지고 있음을 보고, 알고, 느낄 수 있어야 한다. 성장은 정서적으로 그리고 인지적으로 일어나며 더 넓은 의미의 공동체 의식을 갖게 한다. 상호 공감을 위해서는 개인의 취약성vulnerability이 이용당하거나 침범당하지 않고 지지 받을 수 있어야 한다.

● 상호 영향(MUTUAL IMPACT)
각 개인이 서로에게 그리고 관계에 영향을 준다고 느낄 때, 공감된 힘의 패러다임이다.

● 상호 힘 불어넣기(MUTUAL EMPOWERMENT)
상호 공감과 함께 이 용어는 성장지향적 관계에서 각 개인이 생동감, 명료함, 더 큰 가능성과 잠재적 주체성agency을 경험하게 된다고 제안한다. 상호 힘 불어넣기는 관계 속의 개인뿐 아니라 관계에서 개인들이 서로 함께하고 돌보는 '참여engagement'의 관계에서 비롯된다. 이는 두 사람 또는 그 이상의 관계에서의 역동적 과정으로, 심리적 성장의 핵심 요소로 작용하며, 관계 속에서 각 개인의 장점을 높이고, 궁극적으로 공동체 속의 장점을 만들어 낸다.

● 상호성(MUTUALITY)
서로를 존중하는 능력이 향상되고, 서로 영향을 끼치며, 상대에 의해 가능한 변화에 개방되어 있어야 한다는 RCT의 개념이다. Jean Baker Miller는 관계 속에서 한 사람이 성장하지 못한다면 양쪽 다 성장하지 않는 것이라고 주장해 왔으나, 이 개념은 치료 관계에서 내담자가 전문가를 돌보도록 한다는 비판을 받아 논쟁의 여지가 있는 개념이라 하겠다. RCT는 치료자인 전문가가 내담자의 성장을 철저하게 염두에 두고 내담자로부터 돌봄을 요청하지 않아야 한다는 것을 충분히 인식하고 있지만, 치료자가 영향을 받는 일과 취약성이 포함된 변화에 자신을 개방하지 않는다면 내담자의 진정한 성장은 일어나지 않을 것이라고 보는 것이다. 상호성은 동일함, 평등함 또는 상호 의존의 상태와는 다르다. 상호성은 관계를 맺어 가는 방식이고, 그 관계에 참여하는 이들이 충분히 관여하게 하는 공통 행위다(Miller & Stiver, 1997).

● 성장지향적 관계(GROWTH-FOSTERING RELATIONSHIP)
상호적인 발달의 결과로, 상대의 성장과 발달에 적극적으로 참여하게 되는 근본적이고도 복합적인 과정(Miller & Stiver, 1997)이다. 이런 관계는 양쪽 모두 혹은 더 많은 사람의 성장을 가능하게 한다.

● 수치심(SHAME)
병리적 수치심은 자신이 더 이상 공감과 사랑을 받을 가치가 없다고 느낄 때 일어난다. 비난적 고립condemned isolation의 특성과 유사하다. 소외감과 무가치함을 느끼고 공감 받을 가능성이 없다고 느껴 관계 안에 자기 자신을 충분히 끌어들이지 못한다.

● 예기 공감(ANTICIPATORY EMPATHY)
한 개인의 말과 행동이 다른 사람에게 끼치는 영향을 예상하기 위해 자신의 감을 사용하여 한 개인을 이해하는 것이다. 치료자는 예기 공감을 통해 치료 방법이 어떤 결과를 야기할지 예상해 본다.

용어 해설

● 유동적 전문성(FLUID EXPERTISE)

모든 사람들이 상호 교환을 위해 지혜와 지식을 가져와야 한다는 생각을 존중하는 것이다. 이러한 생각은 상호 성장과 존중의 개념을 지지한다.

● 인종 정체성 발달(RACIAL IDENTITY DEVELOPMENT)

Tatum(1993)에 의해 "뿌리박힌 인종차별주의 입장으로부터 그 인종의 정체성을 긍정적으로 인정하며 힘을 불어넣어 주는 입장이 되는 것"(p. 3)으로 정의되었다.

● 인종차별주의(RACISM)

Tatum(1993)은 인종차별주의를 "매일의 삶 속에서 개인적, 문화적 그리고 제도적 영향을 갖는, 인종을 바탕으로 한 이득의 보편적 체제"(p. 2)로 정의한다.

● 일시적 단절(ACUTE DISCONNECTION)

관계에서 종종 나타나는 현상으로, 이해받지 못하거나 상대의 반응이 부재하거나, 더 심하게는 상대가 수치심을 유발하고 안전한 심적 경계를 침범함으로 인해 발생한다. 치료 관계에서는 일시적 단절의 주제를 다루는 것이 변화를 위해 효율적이다.

● 자기공감(SELF-EMPATHY)

공감적 태도를 자기 자신의 경험을 향해 가지고 오는 능력이다. 때때로 자기 공감을 얻기 위해서, 개인이 가지고 있는 자기비난과 자기거부를 줄일 수 있는 어린 시절 내담자의 이미지를 이용하기도 한다.

● 자책적 고립(CONDEMNED ISOLATION)
Jean Baker Miller에 의해 사용된 표현으로 공동체로부터 배척된 경험을 나타내고 있다. 자신이 혼자라고 느끼고, 다시 관계를 맺는 것이 어렵고, 이 모든 일을 자기 탓으로 돌리는 것이다. 이 상태는 타인이나 자연과 깊이 관계 맺고 있음을 느낄 수 있는, '홀로 있음' 또는 고독의 상태와는 다른 경험이다.

● 지배적 이미지(CONTROLLING IMAGES)
지배 집단이 피지배 문화 집단의 힘을 박탈하기 위해 피지배 집단의 이미지를 왜곡되게 드러나게 하는 것이다. "사람들은 인종, 성별, 경제적 계층 그리고 성적 정체성에 의해 대상화된다."(1990, p. 228)고 말한 Patricia Hill Collins에 의해 사용된 표현이다.

● 지배하는(POWER OVER)
자신이 타인을 지배하며, 타인이 불리한 위치에 있을 때 안정감을 느끼고 생산적이라 느끼는 개념이다. 지배 집단은 다른 집단과 개인에게 힘을 행사하며 상호적으로 힘을 불어넣는 관계를 옹호하지 않는다. 이러한 모델은 단절과 관계의 침해를 이끈다.

● 진정성(AUTHENTICITY)
자신의 행동이 타인에게 미치는 영향에 대한 인식과 민감성을 가지고 자신의 실제적 경험, 감정들, 생각들을 관계 속으로 이끄는 능력이다.

이것은 총체적 반응total reactivity; amaygala authenticity로 불릴 수 있다을 의미하는 것은 아니다. 진정성은 '있는 그대로의 사실whole truth'을 말하는 것이라기보다는 '진실된 한 가지one true thing'를 나누는 것으로 치료를 긍정적인 방향으로 이끈다.

● 트라우마적 단절(TRAUMATIC DISCONNECTION)
일시적 단절이 증상(외상후 스트레스 장애 같은)을 가지고 있는 개인으로 하여금 반응(편도체 납치와 같은)을 보이도록 하여 관계를 회복하는 것을 어렵게 하는 단절 상황이다. 두려움이 한층 높아져 관계를 임하기가 어려워진다. 안전감이 생기기 전까지 치료자는 내담자가 단절 전략으로 회귀한 것을 존중해 주어야 한다. 하지만 트라우마적 단절을 경험할 때 단절 전략과 반대되게 밀접한 관계가 증대될 수도 있으며 내담자의 취약성이 더 커져 이전에 쓰던 자기보호 방법을 써야 할 때가 있다.

● 특권(PRIVILEGE)
타인의 불이익을 통해 이득을 얻는 체제(McIntosh, 1980, 1988)다. 노력 없이 얻은 특권은 특권이 있는 집단에서 태어나거나 행운에 의해 발생된다. 능력위주사회의 신화myth of meritocracy는 때로 이득이나 특권이 노력에 의해 얻어진 것이라 생각하게 한다. 예를 들면, 백인 특권은 "백인이 인식하지 않지만 매일 사용할 수 있는 노력 없이 얻어진 자산의 보이지 않는 패키지"인 것이다(McIntosh, 1988).

● 편도체 납치(AMYGDALA HIJACK)

Goleman(1997)이 처음 쓴 용어로 대뇌가 아닌 뇌의 편도체에 의해 반응한다는 의미다. 분노나 공포 상황에서 갑작스럽고 충동적으로 행동하는 것과 관련되며, 트라우마를 경험한 사람에게 더 자주 일어나는 현상이다.

● 핵심적 관계의 모순(CENTRAL RELATIONAL PARADOX)

단절의 경험이 계속되면 사람들은 관계를 더 열망하게 된다. 하지만 다른 사람과 관계하는 것이 두려워 자신의 경험을 관계에 포함시키지 않은 채로 관계를 맺어 간다(이는 방어적 단절 전략인 동시에 생존 전략이기도 하다). 다른 사람의 기대와 요구에 자신을 맞춰 가려고 하며, 이렇게 함으로써 관계에서 진정성과 상호성은 배제되고 또 다른 단절의 요인이 되기도 하다.

● 힘(POWER)

가장 근본적으로 "변화를 만들어 낼 수 있는 능력"(Miller, 1986, p. 198)이다.

● 힘의 공유(POWER WITH)

창의성과 행동은 좋은 관계에서 더 발전해 간다는 것을 전제로, 권위주의적 방법보다는 협력하여 더 많은 것을 성취할 수 있다는 개념이다. '힘의 공유'를 통해 상대에게 힘을 불어넣을 수 있으며 상대에게 지시하고 통제하려는 '지배하는' 입장과 반대되는 자세를 취할 수 있다.

🌸 더 읽을거리

Gilligan, C. (1982). *In a different voice.* Cambridge, MA: Harvard University Press.

Jordan, J. (Ed.). (1997). *Women's growth in diversity.* New York: Guilford Press.

Jordan, J., Kaplan, A., Miller, J. B., Stiver, I., & Surrey, J. (1991). *Women's growth in connection.* New York: Guilford Press.

Jordan, J., Walker, M., & Hartling, L. (Eds.). (2004). *The complexity of connection.* New York: Guilford Press.

Miller, J. B. (1986). *Toward a new psychology of women.* Boston: Beacon Press.

Miller, J. B., & Stiver, I. (1997). *The healing connection.* Boston: Beacon Press.

Robb, C. (2006). *This changes everything: The relational revolution in psychology.* New York: Farrar Strauss.

Shem, S., & Surrey, J. (1998). *We have to talk: Healing dialogues between women and men.* New York: Basic Books.

Slater, L., Daniels, J., & Banks, A. (2004). *The complete guide to mental health for women.* Boston: Beacon Press.

Walker, M., & Rosen, W. (2004). *How connections heal.* New York: Guilford Press.

참고 문헌

Alvarez, M. (1995). The experience of migration: A relational approach in therapy. *Work in Progress, No. 71.* Wellesley, MA: Stone Center Working Paper Series.

American Psychiatric Association. (1994). *Desk reference to the diagnostic criteria from DSM-IV* (4th ed.). Washington, DC: Author.

Aron, L. (1996). *A meeting of minds: Mutuality in psychoanalysis.* New York: Analytic Press.

Ayvazian, A., & Tatum, B. (1994). Women, race and racism: A dialogue in black and white. *Work in Progress, No. 68.* Wellesley, MA: Stone Center Working Paper Series.

Banks, A. (2000). PTSD: Post-traumatic stress disorder: Relationship and brain chemistry. *Project Report No. 8.* Wellesley, MA: Stone Center Working Paper Series.

Banks, A. (2005). The developmental impact of trauma. In D. Comstock (Ed.), *Diversity and development: Critical contexts that shape our lives and relationships* (pp. 185-213). Belmont, CA: Brooks/Cole.

Banks, A. (2006). *The neurobiology of connection.* Presentation at Summer Training Institute, Jean Baker Miller Training Institute,

Wellesley, MA.

Barnett, R., & Rivers, C. (2004). *Same difference: How gender myths are hurting our relationships, our children and our jobs*. New York: Basic Books.

Begley, S. (2008). *Train your mind, change your brain*. New York: Ballantine Books.

Belenky, M., Clinchy, B., Goldberger, N., & Tarule, J. (1986). *Women's ways of knowing*. New York: Basic Books.

Bergman, S. J. (1991). Men's psychological development: A relational perspective. *Work in Progress, No. 48*. Wellesley, MA: Stone Center Working Paper Series.

Bergman, S. J. (1996). Male relational dread. *Psychiatric Annals, 26*(1), 24–28.

Bergman, S., & Surrey, J. (1994). Couple therapy: A relational approach. *Work in Progress, No. 66*. Wellesley, MA: Stone Center Working Paper Series.

Birrell, P. (2006). Ethics of possibility: Relationship, risk and presence. *Ethics and Behavior, 16*(2), 95–115.

Bornstein, D. (2004). *How to change the world: Social entrepreneurs and the power of new ideas*. New York: Oxford University Press.

Broverman, I., Broverman, D. M., Clarkson, F. E., Rosenkrantz, P. S., & Vogel, S. R. (1970). Sex role stereotypes and clinical judgments of mental health. *Journal of Consulting and Clinical Psychology, 34*(43), 1–7.

Brown, L. M. (1998). *Raising their voices: The politics of girls' anger*. Cambridge, MA: Harvard University Press.

Brown, L. M., & Gilligan, C. (1992). *Meeting at the crossroads: Women's psychology and girl's development*. Cambridge, MA: Harvard University Press.

Brown, L. S. (1994). *Subversive dialogues: Theory in feminist therapy*. New York: Basic Books.

Brown, L. S., & Ballou, M. (Eds.). (2002). *Rethinking mental health and disorder: Feminist perspectives*. New York: Guilford Press.

Bures, F. (2007). Brain storm: Richard Davidson wants you to free your will, change your brain and take a journey to the center of your mind. *Madison Magazine*, November, 1-5.

Caplan, P., & Cosgrove, L. (2004). *Bias in psychiatric diagnosis*. New York: Aronson.

Carter, E., & McGoldrick, M. (2005). *The expanded family life cycle: Individual, family and social perspectives* (3rd ed.). Boston: Allyn & Bacon.

Chugani, H. (2001). Local brain functional activity following early deprivation: A study of post institutionalized Romanian orphans. *NeuroImage, 14,* 1290-1301.

Clinchy, B., & Zimmerman, C. (1985). Growing up intellectually: Issues for college women. *Work in Progress, No. 19.* Wellesley, MA: Stone Center Working Paper Series.

Coll, C., Cook-Nobles, R., & Surrey, J. (1995). Building connection through diversity. *Work in Progress, No. 64.* Wellesley, MA: Stone Center Working Paper Series.

Coll, C., & Duff, K. (1995). Reframing the needs of women in prison: A relational and diversity perspective. *Project Report, No. 4.* Wellesley, MA: Stone Center Working Paper Series.

Collins, P. H. (1990). *Black feminist thought: Knowledge, consciousness and the politics of empowerment*. Boston: Unwin Hyman.

Collins, P. H. (2000). *Black feminist thought* (2nd ed.). New York: Routledge.

Cooley, C. (1968). The social self: on the meanings of "I." In C. Gordon & K. Gergen (Eds.), *The self in social interaction* (pp. 87–93). New York: Wiley. (Original work published 1902)

Comstock, D. (Ed.). (2005). *Diversity and development: Critical contexts that shape our lives and relationships*. Belmont, CA: Brooks/Cole.

Comstock, D., Hammer, T. R., Strentzsch, J., Cannon, K., Parsons, J., & Salazar, G. (2008). Relational-cultural theory: A framework for bridging relational, multi-cultural and social justice competencies. *Journal of Counseling and Development, 86*(3), 279–287.

Corey, G. (2009). *Theory and practice of counseling and psychotherapy* (8th ed.). Belmont, CA: Thomson.

Covington, S. (1994). *A woman's way through the twelve steps*. Center City, MN: Hazelden.

Covington, S. (1999). *Helping women recover: A program for treating addiction*. San Francisco: Jossey-Bass.

Covington, S., & Surrey, J. (2000). The relational model of women's psychological development: Implications for substance abuse. *Work in Progress, No. 91.* Wellesley, MA: Stone Center Working Paper Series.

Cozolino, L. (2006). *The neuroscience of human relationships: Attachment and the developing social brain*. New York: Norton.

Davanloo, H. (Ed.). (1980). *Short-term dynamic psychotherapy*. New York: Aronson.

Desai, L. (1999). Relational theory in a South Asian context: An example of the dynamics of identity development. *Work in Progress, No. 86.* Wellesley, MA: Stone Center Working Paper Series.

Doidge, N. (2007). *The brain that changes itself.* New York: Viking.

Dooley, C. (2000). Culture and the development of eating disorders in women. In J. Jordan & C. Dooley (Eds.), *Relational practice in action.* Project Report No. 6. Wellesley, MA: Stone Center Working Papers Series.

Dooley, C., & Fedele, N. (1999). Mothers and sons: Raising relational boys. *Work in Progress, No. 84.* Wellesley, MA: Stone Center Working Paper Series.

Downs, M. (2006). Between us: Growing relational possibilities in clinical supervision. *Work in Progress, No. 105.* Wellesley, MA: Stone Center Working Paper Series.

Duffy, T. (2006). Grief, loss and death. In D. Comstock (Ed.), *Diversity and development: Critical contexts that shape our lives and relationships* (pp. 253-268). Belmont, CA: Brooks/Cole.

Eisenberger, N., & Lieberman, M. (2004). Why rejection hurts: A common neural alarm system for physical and social pain. *Trends in Cognitive Sciences, 8,* 294-300.

Eisenberger, N., & Lieberman, M. (2003). *Why it hurts to be left out: The neurocognitive overlap between physical and social pain.* Unpublished manuscript.

Eisenberger, N., Lieberman, M., & William, D. (2003, October 10). Does rejection hurt? An fMRI study of social exclusion. *Science, 302,* 290-292.

Eldridge, N., Mencher, J., & Slater, S. (1993). The conundrum of mutuality: A lesbian dialogue. *Work in Progress, No. 62.* Wellesley, MA: Stone Center Working Paper Series.

Engler, B. (2003). *Personality theories: An introduction* (6th ed.). Boston: Houghton Mifflin.

Fairbairn, W. (1959/1962). *Object relations and dynamic structure: In an object relations theory of personality.* New York: Basic

Books.

Fedele, N. (2004). Relationship in groups: Connection, resonance, and paradox. In J. Jordan, M. Walker, & L. Hartling (Eds.), *The complexity of connection: Writings from the Stone Center's Jean Baker Miller Training Institute* (pp. 194–219). New York: Guilford Press.

Ferber, R. (1985). *Solve your child's sleep problems.* New York: Simon & Schuster.

Finkelstein, N. (1996). Using the relational model in a context for treating pregnant and parenting chemically dependent women. In B. L. Underhill & D. G. Finnegan (Eds.), *Chemical dependency: Women at risk* (pp. 23–43). New York: Haworth.

Fletcher, J. (1999). *Disappearing acts: Gender, power and relational practice at work.* Cambridge, MA: MIT Press.

Fletcher, J. (2004). Relational theory in the workplace. In J. Jordan, M. Walker, & L. Hartling (Eds.), *The complexity of connection: Writing from the Stone Center's Jean Baker Miller Training Institute* (pp. 270–298). New York: Guilford Press.

Fletcher, J., Jordan, J., & Miller, J. (2000). Women and the workplace: Applications of a psychodynamic theory. *The American Journal of Psychoanalysis, 60*(3), 243–261.

Frager, R., & Fadiman, J. (Eds.). (1998). *Personality and personal growth.* New York: Addison Wesley Longman.

Freud, S. (1955). Beyond the pleasure principle. In J. Strachey (Ed.), *The standard edition of the complete psychological works of Sigmund Freud* (Vol. 18, pp. 3–64). London: Hogarth Press. (Original work published 1920)

Freud, S. (1957). The future prospects of psychoanalytic therapy. In J. Strachey (Ed.), *The standard edition of the complete psychological works of Sigmund Freud* (Vol. 2, pp. 139–152).

London: Hogarth Press.

Freud, S. (1958). Recommendations to physicians practicing psychoanalysis. In J. Strachey (Ed.), *The standard edition of the complete psychological works of Sigmund Freud* (Vol. 12, pp. 111-120). London: Hogarth Press. (Original work published 1912)

Genero, N., Miller, J. B., & Surrey, J. (1992). The mutual psychological development questionnaire. *Project Report No. 1.* Wellesley, MA: Stone Center Working Paper Series.

Genero, N., Miller, J. B., Surrey, J., & Baldwin, L. (1992). Measuring perceived mutuality in close relationship: Validation of the mutual psychological development questionnaire. *Journal of Family Psychology, 6*(1), 36-48.

Gill, M. (1983). *Analysis of transference, Vol. I.* New York: International Universities Press.

Gilligan, C. (1982). *In a different voice.* Cambridge, MA: Harvard University Press.

Gilligan, C. (1990). Joining the resistance: Psychology, politics, girls and women. *Michigan Quarterly Review, 29,* 501-536.

Gilligan, C. (1996). The centrality of relationship in human development: A puzzle, some evidence, and a theory. In G. Noam & K. Fischer (Eds.), *Development and vulnerability in close relationships* (pp. 237-261). Mahwah, NJ: Erlbaum.

Gilligan, C., Rogers, A. G., & Noel, N. (1993). *Cartography of a lost time: Women, girls, relationships.* Paper presented at the Learning from Women Lecture Series, Boston.

Gilligan, C., Rogers, A., & Tolman, D. (Eds.). (1991). *Women, girls and psychotherapy: Reframing resistance.* Binghamton, NY: Haworth Press.

Gilligan, C., Lyons, N., & Hanmer, T. (1990). *Making connections:*

The relational worlds of adolescent girls at Emma Willard School. Cambridge, MA: Harvard University Press.

Gilligan, J. (1996). *Violence: Our deadly epidemic and its causes.* New York: Putnam.

Goleman, D. (1997). *Emotional intelligence.* New York: Bantam Books.

Goleman, D. (2006). *Social intelligence: The new science of human relationships.* New York: Bantam Books.

Greene, B. (1990). What has gone before: The legacy of racism and sexism in the lives of black mothers and daughters. *Women and Therapy, 9,* 207-230.

Grepmair, L., Mitterlehner, F., Lowe, T., Bachler, E., Rother, W., & Nickel, M. (2007). Promoting mindfulness in psychotherapists in training influences the treatment results of their patients: A randomized, double blind, controlled study. *Psychotherapy Psychosomatics, 76,* 332-338.

Guntrip, H. (1973). *Psychoanalytic theory, therapy and the self.* New York: Basic Books.

Hartling, L. (2005). Fostering resilience throughout our lives: New relational possibilities. In D. Comstock (Ed.), *Diversity and development: Critical contexts that shape our lives and relationships* (pp. 337-354). Belmont, CA: Brooks/Cole.

Hartling, L., & Luchetta, T. (1999). Humiliation: Assessing the impact of derision, degradation and debasement. *The Journal of Primary Prevention, 19*(4), 259-278.

Hartling, L., Rosen, W., Walker, M., & Jordan, J. (2000). Shame and humiliation: From isolation to relational transformation. *Work in Progress, No. 88.* Wellesley, MA: Stone Center Working Paper Series.

Helms, J. E., & Cook, D. (1999). *Using race and culture in counseling and psychotherapy: Therapy and process.* Boston: Allyn & Bacon.

Herman, J. (1992). *Trauma and recovery.* New York: Basic Books.

Hoffman, M. (1977). Sex differences in empathy and related behaviors. *Psychological Bulletin, 84*(4), 712-722.

Hoffman, M. (1978). Towards a theory of empathic arousal and devel opment. In M. Lewis & L. Rosenblum (Eds.), *The development of affect.* New York: Plenum Press.

hooks, B. (1984). *Feminist theory: From margin to center.* Boston: South End Press.

Hutchinson, W. (1999). Pain-related neurons in the human cingulate cortex. *Nature Neuroscience, 2,* 403-405.

Ivey, A., D'Andrea, M., Ivey, M., & Simek-Morgan, L. (2007). *Theories of counseling and psychotherapy: A multicultural perspective.* New York: Pearson.

Jack, D. (1991). *Silencing the self: Women and depression.* Cambridge, MA: Harvard University Press.

Jack, D. (1999). *Behind the mask: Destruction and creativity in women's aggression.* Cambridge, MA: Harvard University Press.

Jenkins, Y. (1993). Diversity and social esteem. In V. De La Cancela, J. Chin, & Y. Jenkins (Eds.), *Diversity in psychotherapy: The politics of race, ethnicity and gender.* Westport, CT: Praeger.

Jenkins, Y. (Ed.). (1998). *Diversity in college settings: Directives for helping professionals.* New York: Routledge.

Johnson, S. (2008). *Hold me tight: Seven conversations for a lifetime of love.* New York: Little Brown.

Johnson, K., & Ferguson, T. (1990). *Trusting ourselves: The sourcebook on the psychology of women.* New York: Atlantic Monthly Press.

Jordan, J. (1983). Women and empathy. *Working in Progress, No. 2.* Wellesley, MA: Stone Center Working Paper Series.

Jordan, J. (1986). The meaning of mutuality. *Work in Progress, No. 23.* Wellesley, MA: Stone Center Working Paper Series.

Jordan, J. (1989). Relational development: Therapeutic implications of empathy and shame. *Work in Progress, No. 39.* Wellesley, MA: Stone Center Working Paper Series.

Jordan, J. (1990). Courage in connection: Conflict, compassion and creativity. *Work in Progress, No. 45.* Wellesley, MA: Stone Center Working Paper Series.

Jordan, J. (1992). Relational resilience. *Work in Progress, No. 57.* Wellesley, MA: Stone Center Working Paper Series.

Jordan, J. (1995). Relational awareness: Transforming disconnection. *Work in Progress, No. 76.* Wellesley, MA: Stone Center Working Paper Series.

Jordan, J. (1995). Boundaries: A relational perspective. *Psychotherapy Forum, 1*(2), 1-4.

Jordan, J. (Ed.). (1997). *Women's growth in diversity.* New York: Gilford Press.

Jordan, J. (1998). *Mothers and daughters, mothers and sons: Relational dilemmas and opportunities.* Invited Lecture, National Conference on Young People, New England Consultants, Braintree, MA.

Jordan, J. (1999). Toward connection and competence. *Work in Progress, No. 83.* Wellesley, MA: Stone Center Working Paper Series.

Jordan, J. (2000). The role of mutual empathy in relational/cultural therapy. *Journal of Clinical Psychology. In Session, 56*(80), 1005-1016.

Jordan, J., Handel, M., Alvarez, M., & Cook-Noble, R. (2000).

Applications of the relational model to time limited therapy. *Work in Progress, No. 87.* Wellesley, MA: Stone Center Working Paper Series.

Jordan, J. (2001). A relational-cultural model: Healing through mutual empathy. *Bulletin of the Menninger Clinic, 65*(1), 92-103.

Jordan, J. (2002). A relational-cultural perspective in therapy. In F. Kazlow (Ed.), *Comprehensive handbook of psychotherapy* (Vol. 3, pp. 233-254). New York: Wiley.

Jordan, J. (2003). Relational-cultural theory. In M. Kopala & M. Keitel (Eds.), *Handbook of counseling women* (pp. 22-31). Thousand Oaks, CA: Sage.

Jordan, J. (2004). Personality disorder or relational disconnection? In J. Magnavita (Ed.), *Handbook of personality disorders: Theory and practice* (pp. 120-134). New York: Wiley.

Jordan, J. (2006). Relational resilience in girls. In S. Goldstein & R. Brooks (Eds.), *Handbook of resilience in children* (pp. 79-90). New York: Plenum.

Jordan, J. (Ed.). (2008a). Recent developments in relational-cultural theory. *Women & Therapy: A Feminist Quarterly, 31*(2/3/4).

Jordan, J. (Ed.). (2008b). *The power of connection.* Philadelphia: Haworth Press.

Jordan, J., Kaplan, A., Miller, J. B., Stiver, I., & Surrey, J. (1991). *Women's growth in connection.* New York: Guilford Press.

Jordan, J., & Dooley, C. (2000). Relational practice in action: A group manual. *Project Report No. 6.* Wellesley, MA: Stone Center Working Paper Series.

Jordan, J., & Hartling, L. (2002). New developments in relational-cultural therapy. In M. Ballou & L. Brown (Eds.), *Rethinking mental health and disorder: Feminist perspectives* (pp. 48-

70). New York: Guilford Press.

Jordan, J., Walker, M., & Hartling, L. (2004). *The complexity of connection*. New York: Gilford Press.

Jordan, J., Walker, M., & Hartling, L. (Eds.). (2004). *The complexity of connection: Writings from the Stone Center's Jean Baker Miller Training Institute*. New York: Guilford Press.

Jordan, J., & Walker, M. (2004). Introduction. In J. Jordan, M. Walker, & L. Hartling (Eds.), *The complexity of connection: Writings from the Stone Center's Jean Baker Miller Training Institute* (pp. 1-8). New York: Guilford Press.

Jordan, J., & Romney, P. (2005). Women in the workplace: An application of relational-cultural theory. In M. Mirkin, K. Suyemoto, & B. Okan (Eds.), *Psychotherapy with women* (pp. 198-214). New York: Guilford Press.

Kaplan, M. (1983). A woman's view of DSM-III. *American Psychology, 38*, 786-792.

Kayser, K. (2005). Enhancing dyadic coping during a time of crisis: A theory-based intervention with breast cancer patients and their partners. In T. A. Revenson, K. Kayser, & G. Bodenmann (Eds.), *Couples' coping with stress: Emerging perspectives on dyadic coping* (pp. 175-194). Washington DC: American Psychological Association.

Kayser, K. (2007). *The yin and yang of dyadic coping: Chinese couples coping with breast cancer*. Paper presented at the International Meeting on Close Relationships and Health, Vancouver, British Columbia, Canada.

Kayser, K., & Scott, J. (2008). *Helping couples cope with women's cancers: An evidence-based approach for practitioners*. New York: Springer.

Kayser, K., & Sormanti, M. (2002, January). Identity and the illness experience: Issues faced by mothers with cancer. *Illness, Crisis, and Loss, 10*(1), 10-26.

Kayser, K., & Sormanti, M. (2002). A follow-up study of women with cancer: Their psychosocial well-being and close relationships. *Social Work in Health Care, 35,* 391-406.

Kayser, K., Sormanti, M., & Strainchamps, E. (1999). Women coping with cancer: The impact of close relationships on psychosocial adjustment. *Psychology of Women Quarterly, 23,* 725-739.

Kayser, K., Watson, L., & Andrade, J. (2007). Cancer as a "we-disease": Examining the process of coping from a relational perspective. *Families, Systems, & Health, 25*(4), 404-418.

Kazlow, F. (2002). *Comprehensive handbook of psychotherapy* (Vol. 3). New York: Wiley.

Keats, J. (1987). Letter to "my darling brothers." In R. Gittings (Ed.), *The letters of John Keats.* Oxford, England: Oxford University Press. (Original letter dated 1818)

Keller, E. (1985). *Reflections on gender and science.* New Haven, CT: Yale University Press.

Kilbourne, J. (1999). *Deadly persuasion: Why women and girls must fight the addictive power of advertising.* New York: Free Press.

Kiselica, M., Englar-Carlson, M., & Horne, A. (Eds.). (2008). *Counseling troubled boys: A guidebook for professionals.* New York: Routledge.

Klein, M. (with Riviere, J.). (1953). *Love, hate and reparation.* London: Hogarth Press.

Kobasa, D. (1979). Stressful life events, personality and health: An inquiry into hardiness. *Journal of Personality and Social Psychology, 37,* 1-11.

Kobasa, S., & Puccetti, M. (1983). Personality and social resources in stress resistance. *Journal of Personality and Social Psychology, 45,* 839–850.

Kohut, H. (1984). *How does analysis cure?* Chicago: University of Chicago Press.

Kopala, M., & Keitel, M. (2003). *Handbook of counseling women.* New York: Sage.

Laing, K. (1998). Katalyst leadership workshop presented at In Pursuit of Parity: Teachers as Liberators, Boston.

Lerman, H. (1996). *Pigeonholing women's misery: A history and critical analysis of the psycho diagnosis of women in the twentieth century.* New York: Basic Books.

Lerner, H. (1985). *The dance of anger.* New York: Harper Collins.

Levant, R. (1992). Toward the reconstruction of masculinity. *Journal of Family Psychology, 5*(3/4), 379–402.

Levant, R. (1995). *Masculinity reconstructed.* New York: Dutton.

Levant, R., & Pollack, W. (1995). *A new psychology of men.* New York: Basic Books.

Lewis, H. (Ed.). (1987). *The role of shame in symptom formation.* Hillsdale, NJ: Erlbaum.

Liang, B., Taylor, C., Williams, L., Tracy, A., Jordan, J., & Miller, J. (1998). The relational health indices: An exploratory study. *Paper No. 293.* Wellesley, MA: Wellesley Center for Women.

Liang, B., Tracy, A., Glenn, C., Burns, S., & Ting, D. (2007, December). The relational health indices: Confirming factor structure for use with men. *The Australian Community Psychologist, 19*(2), 35–52.

Liang, B., Tracy, A., Kauh, T., Taylor, C., & Williams, L. (2006, July). Mentoring Asian and Euro–American college women. *Journal of Multicultural Counseling and Development, 34,* 143–155.

Liang, B., Tracy, A., Taylor, A., & Williams, L. (2002). The relational health indices. *American Journal of Community Psychology, 30*(2), 271-288.

Liang, B., Tracy, A., Taylor, C. A., Williams, M., Jordan, J. V., & Miller, J. B. (2002). The relational health indices: A study of women's relationships. *Psychology Women Quarterly, 26,* 25-35.

Lipsky, S. (1984). Unpublished and untitled manuscript.

Markus, H., & Kitayama, S. (1991). Culture and the self: Implications for cognition, emotion and motivation. *Psychological Review, 96*(2), 224-235.

Markoff, L., & Cawley, P. (1996). Retaining your clients and your sanity: Using a relational model of multisystem case management. In B. L. Underhill & G. Finnegan (Eds.), *Chemical dependency: Women at risk* (pp. 45-65). New York: Haworth Press.

McIntosh, P. (1980, July/August). White privilege: Unpacking the invisible knapsack. *Peace and Freedom,* 10-12.

McIntosh, P. (1988). White privilege and male privilege: A personal account of coming to see correspondences through work in women's studies. *Report No. 189.* Wellesley, MA: Wellesley Center for Women.

Mental health: Does therapy help? (1995, November). *Consumer Reports,* 734-739.

Merzenich, M. (2000). Seeing in the sound zone. *Nature, 404,* 820-821.

Miller, J. B. (Ed.). (1973). *Psychoanalysis and women.* Baltimore, MD: Penguin.

Miller, J. B. (1976). *Toward a new psychology of women.* Boston: Beacon Press.

Miller, J. B. (1985). The construction of anger in women and men. *Work in Progress, No. 4.* Wellesley, MA: Stone Center Working

Paper Series.

Miller, J. B. (1986). *Toward a new psychology of women* (2nd ed.). Boston: Beacon Press.

Miller, J. B. (1989). Connections, disconnections and violations. *Work in Progress, No. 33.* Wellesley, MA: Stone Center Working Paper Series.

Miller, J. B. (2002). How change happens: Controlling images, mutuality and power. *Work in Progress, No. 96.* Wellesley, MA: Stone Center Working Paper Series.

Miller, J. B. (2003). Telling the truth about power. *Work in Progress, No. 100.* Wellesley, MA: Stone Center Working Paper Series.

Miller, J. B., Jordan, J., Stiver, I., Walker, M., Surrey, J., & Eldridge, N. (1997). Therapists' authenticity. *Work in Progress, No. 8.* Wellesley, MA: Stone Center Working Paper Series.

Miller, J. B., & Stiver, I. (1997). *The healing connection: How women form relationships in therapy and in life.* Boston: Beacon Press.

Mirkin, M. P. (1990, July). The new alliance: Adolescent girls and their mothers. *The Family Therapy Networker,* 36–41.

Mirkin, M. P. (1994). Female adolescence revisited: Understanding girls in their sociocultural contexts. *Journal of Feminist Family Therapy, 4*(2), 43–60.

Mirkin, M. P. (1998). The impact of multiple contexts on recent immigrant families. In M. McGoldrick (Ed.), *Revisioning family therapy: Multicultural systems theory and practice.* New York: Guilford Press.

Mirkin, M. P., & Geib, P. (1999). Consciousness of context in relational couples therapy. *Journal of Feminist Family Therapy, 11*(1), 31–51.

Mitchell, S. (1988). *Relational concepts in psychoanalysis.* Cambridge,

MA: Harvard University Press.

Montgomery, M., & Kottler, J. (2005). The developing counselor. In D. Comstock (Ed.), *Diversity and development: Critical contexts that shape our lives and relationships* (pp. 91–111). Belmont, CA: Brooks/Cole.

Myerson, D. E., & Fletcher, J. K. (2000, January/February). A modest manifesto for shattering the glass ceiling. *Harvard Business Review,* 127–136.

Norcross, J. (Ed.). (2002). *Psychotherapy relationships that work: Therapist contribution and responsiveness to patient.* New York: Oxford University Press.

Oakley, A., & Addison, S. (2005). *Outcome evaluation of a commu nity-based mental health service for women employing a brief feminist relational-cultural model.* Paper presented at Jean Baker Miller Research Colloquium, Wellesley College, Wellesley, MA.

Ossana, S., Helms, J. E., & Leonard, M. M. (1992). Do "womanist" identity attitudes influence college women's self-esteem and perceptions of environmental bias? *Journal of Counseling and Development, 70,* 402–408.

Paris, R., & Dubus, N. (2005, January). Staying connected while nurturing an infant: A challenge of new motherhood. *Family Relations, 54,* 72–83.

Paris, R., Gemborys, M., Kaufman, P., & Whitehill, D. (2007). Reaching isolated new mothers: Insights from a home visiting program using paraprofessionals. *Families in Society: The Journal of Contemporary Social Service,* 616–626.

Pedersen, P., Crethar, H., & Carlson, J. (2008). *Inclusive cultural empathy: Making relationships central in counseling and psychotherapy.* Washington, DC: American Psychological

Association.

Pipher, M. (1994). *Reviving ophelia.* New York: Putnam.

Pleck, J. (1981). *The myth of masculinity.* Cambridge, MA: MIT Press.

Pollack, B. (1998). *Real boys: Rescuing our sons from the myths of boyhood.* New York: Random House.

Putnam, R. (2000). *Bowling alone: The collapse and revival of American community.* New York: Simon & Schuster.

Racker, H. (1953). *Transference and countertransference.* New York: International Universities Press.

Resnick, M., Bearman, S., Blum, R., Bauman, K., Harris, K. I., James, J., et al. (1997). Protecting adolescents from harm: Findings from the national longitudinal study on adolescent health. *Journal of the American Medical Association, 278*(10), 226–236.

Robb, C. (1988). A theory of empathy. *The Boston Globe Magazine,* Oct. 16.

Robb, C. (2006). *This changes everything: The relational revolution in psychology.* New York: Farrar Strauss.

Robb, C. (2007). *This changes everything: The relational revolution in psychology.* New York: Picador.

Robinson, T., & Ward, J. (1991). A belief in self far greater than anyone's disbelief: Cultivating resistance among African American female adolescents. In C. Gilligan, A. Rogers, & D. Tolman (Eds.), *Women, girls and psychotherapy: Reframing resistance* (pp. 87–103). New York: Harrington Park Press.

Rock, M. (1997). *Psychodynamic supervision.* Northvale, NJ: Aronson.

Rogers, C. (1951). *Client-centered therapy: Its current practice, implications and theory.* Boston: Houghton Mifflin.

Rogers, C. (1980). *A way of being.* Boston: Houghton Mifflin.

Root, M. (1992). Reconstructing the impact of trauma on personality. In L. S. Brown & M. Ballou (Eds.), *Personality and psycho pathology: Feminist reappraisal* (pp. 229-265). New York: Guilford Press.

Rosen, W. (1992). On the integration of sexuality: Lesbians and their mothers. *Work in Progress, No. 56*. Wellesley, MA: Stone Center Working Paper Series.

Rutter, M. (1979). Protective factors in children' response to stress and disadvantage. In M. Kent & J. Rolf (Eds.), *Primary prevention of psychopathology: Vol. 3. Social competence in children* (pp. 49-74). Hanover, NH: University Press of New England.

Safran, J., & Muran, J. (2000). *Negotiating the therapeutic alliance: A relational treatment guide*. New York: Guilford Press.

Sagi, A., & Hoffman, M. (1976). Empathic distress in newborns. *Developmental Psychology, 12,* 175-176.

Sanftner, J. L., Cameron, R. P., Tantillo, M., Heigel, C. P., Martin, D. M., Sippel-Silowash, J. A., & Taggart, J. M. (2006). Mutuality as an aspect of family functioning in predicting eating disorder symptoms in college women. *Journal of College Student Psychotherapy, 21*(2), 41-66.

Sanftner, J., & Tantillo, M. (2001). A relational/motivational approach to treating eating disorders. Paper presented at the Jean Baker Miller Training Institute Research Forum, Wellesley College, Wellesley, MA.

Sanftner, J., & Tantillo, M. (2004, June). Development and validation of the Connection-Disconnection Scale to measure perceive mutuality in clinical and college samples of women. Poster session presented at Jean Baker Miller Training Institute Research Forum, Mutuality: The Interface Between Relationship and Culture, Wellesley College, Wellesley, MA.

Sanftner, J., Tantillo, M., & Seidletz, L. (2004). A pilot investigation of the relation of perceived mutuality to eating disorder in women. *Women & Health, 39*(1), 85–100.

Schore, A. (1994). *Affect regulation and the origin of the self: The neurobiology of emotional development.* Hillsdale, NJ: Erlbaum.

Sears, W., & Sears, M. (2001). *Attachment parenting book: A commonsense guide to understanding and nurturing your baby.* New York: Little Brown.

Seligman, M. (1991). *Helplessness.* New York: Freeman.

Senghe, P. (1990). *The fifth discipline.* New York: Doubleday.

Sharf, R. (2008). Theories of psychotherapy and counseling. Belmont, CA: Thomson, Brooks/Cole.

Shem, S., & Surrey, J. (1998). *We have to talk: Healing dialogues between women and men.* New York: Basic Books.

Siegel, D. (1999). *The developing mind: How relationships and the brain interact to shape who we are.* New York: Guilford Press.

Sifneos, P. E. (1979). *Short-term dynamic psychotherapy: Evaluation and technique.* New York: Plenum Press.

Simner, M. (1971). Newborn's response to the cry of another infant. *Developmental Psychology, 5,* 135–150.

Slater, L., Daniel, J., & Banks, A. (Eds.). (2003). *The complete guide to mental health for women.* Boston: Beacon Press.

Sommers, C. (1994). *Who stole feminism?* New York: Simon & Schuster.

Sormanti, M., & Kayser, K. (2000). Partner support and relationship changes during life–threatening illness: Women's perspectives. *Journal of Psychosocial Oncology, 18,* 45–66.

Sparks, E. (1999). Against the odds: Resistance and resilience in

African American welfare mothers. *Work in Progress, No. 81.* Wellesley, MA: Stone Center Working Paper Series.

Spencer, R. (2006, March). Understanding the mentoring process between adolescents and adults. *Youth & Society, 37*(3), 287–315.

Spencer, R. (2007). "I just feel safe with him": Emotional closeness in male youth mentoring relationships. *Psychology of Men & Masculinity, 8*(3), 185–198.

Spencer, R., Jordan, J., & Sazama, J. (2004, July–September). Growth–promoting relationships between youth and adults: A focus group study. *Families in Society, 7*(3), 354–363.

Spiegel, D. (1991). A psychosocial intervention and survival time of patients with metastatic breast cancer. *Advances, 7*(3), 10–19.

Stern, D. (1986). *The interpersonal world of the infant.* New York: Basic Books.

Stolorow, R., & Atwood, G. (1992). *Contexts of being.* Hillsdale, NJ: Analytic Press.

Surrey, J. (1991). The relational self in women: clinical implications. In J. Jordan, J. Surrey, & A. Kaplan (Eds.), Women and empathy: Implications for psychological development and psychotherapy. *Work in Progress, No. 2.* Wellesley, MA: Stone Center Working Paper Series.

Surrey, J. (2005). Relational psychotherapy, relational mindfulness. In C. Germer, R. Siegel, & P. Fulton (Eds.), *Mindfulness and psychotherapy* (pp. 91–110). New York: Guilford Press.

Surrey, J., & Eldridge, N. (2007). *Relational–cultural mindfulness.* Presentation at the Jean Baker Miller Training Institute Workshop, Wellesley College, Wellesley, MA.

Tantillo, M. (2004). The therapist's use of self–disclosure in a relational therapy approach for eating disorders. *Eating*

Disorders, 12, 51-73.

Tantillo, M. (2006). A relational approach to eating disorders in multifamily therapy group: Moving form difference and disconnection to mutual connection. *Families, Systems & Health, 24*(1), 82-102.

Tantillo, M. D. (1998). A relational approach to group therapy for women with bulimia nervosa: Moving from understanding to action. *International Journal of Group Psychotherapy, 48*(4), 477-498.

Tantillo, M. D. (2000). Short-term relational therapy for women with bulimia nervosa. *Eating Disorders: The Journal of Treatment and Prevention, 8,* 99-122.

Tantillo, M. D. (2004). The therapist use of self-disclosure in a relational therapy approach for eating disorders. *Eating Disorders: Journal of Treatment and Prevention, 12,* 51-73.

Tantillo, M. D., & Sanftner, J. (2003). The relationship between perceived mutuality and bulimic symptoms, depression and therapeutic change in group. *Eating Behaviors, 3*(4), 349-364.

Tantillo, M., Sanftner, J., Noyes, B., & Zippler, E. (2003, June). The relationship between perceived mutuality and eating disorder symptoms for women beginning outpatient treatment. Presented at the Eating Disorders Research Society annual meeting, Ravello, Italy.

Tantillo, M., Sanftner, J., & Seidlitz, L. (2004). A pilot investigation of the relation of perceived mutuality to eating disorder in women. *Women and Health, 39*(1), 85-100.

Tatum, B. D. (1993). Racial identity development and relational theory: The case of black women in white communities. *Work in Progress, No. 63.* Wellesley, MA: Stone Center Working

참고 문헌

Paper Series.

Tatum, B. D. (1997). *Why are all the black kids sitting together in the cafeteria and other conversations about race?* New York: Basic Books.

Tatum, B. D., & Garrick Knaplund, E. (1996). Outside the circle? The relational implications for white women working against racism. *Work in Progress, No. 78.* Wellesley, MA: Stone Center Working Paper Series.

Taylor, S. (2002). *The tending instinct: Women, men and the biology of our relationships.* New York: Henry Holt.

Taylor, S., Klein, L., Lewis, B., Greunwald, T., Guring, R., & Updegraff, J. (2000). Biobehavioral responses to stress in females: Tend-and-befriend, not fight-or-flight. *Psychological Review, 107*(3), 411-429.

Thomas, A., & Sillen, S. (1972). *Racism and psychiatry.* New York: Brunner Routledge.

Tolman, D. (2002). *Dilemmas of desire: Teenage girls talk about sexuality.* Cambridge, MA: Harvard University Press.

Tomkins, S. (1987). Shame. In D. Nathanson (Ed.), *The many faces of shame* (pp. 131-161). New York: Guilford Press.

Turner, C. (1984). Psychosocial barriers to black women's career development. *Work in Progress, No. 15.* Wellesley, MA: Stone Center Working Paper Series.

Turner, C. (1987). Clinical applications of the Stone Center theoretical approach to minority women. *Work in Progress, No. 28.* Wellesley, MA: Stone Center Working Paper Series.

Van der Kolk, B. A. (1998). The trauma spectrum: The interaction of biological and social events in the genesis of the trauma response. *Journal of Traumatic Stress, 1*(3), 273-290.

Walker, M. (1999). Race, self and society: Relational challenges in a culture of disconnection. *Work in Progress, No. 85.* Wellesley, MA: Stone Center Working Paper Series.

Walker, M. (2001). When racism gets personal: Toward relational healing. *Work in Progress, No. 93.* Wellesley, MA: Stone Center Working Paper Series.

Walker, M. (2002a). How therapy helps when culture hurts. *Work in Progress, No. 95.* Wellesley, MA: Stone Center Working Paper Series.

Walker, M. (2002b). Power and effectiveness: Envisioning an alternate paradigm. *Work in Progress, No. 94.* Wellesley, MA: Stone Center Working Paper Series.

Walker, M. (2005). Critical thinking: Challenging developmental myths, stigmas, and stereotypes. In D. Comstock (Ed.), *Diversity and development: Critical contexts that shape our lives and relationships* (pp. 47-67). Belmont, CA: Brooks Cole.

Walker, M., & Miller, J. (2000). Racial images and relational possibilities. *Talking Paper 2.* Wellesley, MA: Stone Center Working Paper Series.

Walker, M., & Rosen, W. (Eds.). (2004). *How connections heal: Stories from relational-cultural therapy.* New York: Guilford Press.

Walsh, M. (1997). *Women, men and gender: Ongoing debates.* New Haven, CT: Yale University Press.

Ward, J. V. (2000). *The skin we're in: Teaching our children to be emotionally strong, socially smart, spiritually connected.* New York: Free Press.

Wells, A. (2005). *Disconnections in grief and the grief of disconnection: A relational-cultural approach to under standing and working with grief and loss.* Practitioner

Program Project, Jean Baker Miller Training Institute, Wellesley College, Wellesley, MA.

Westkott, M. C. (1997). On the new psychology of women: A cautionary view. In M. R. Walsh (Ed.), *Women, men & gender: Ongoing debates* (pp. 359-379). New Haven: Yale University Press.

Williams, M., Teasdale, J., Segal, R., & Kabat-Zinn, J. (2007). *The mindful way through depression: Freeing yourself from chronic unhappiness*. New York: Guilford Press.

Winnicott, D. (1960). The theory of the parent-infant relationship. *International Journal of Psychoanalysis, 41,* 585-595.

Winnicott, D. (1963). The development of the capacity for concern. *Bulletin of the Menninger Clinic, 27,* 167-176.

Winnicott, D. (1997). *Playing and reality*. New York: Basic Books.

찾아보기

〈내용〉

저자 소개

Judith V. Jordan(Ph.D.)은 Jean Baker Miller Training Institute의 소장이며 웰즐리 대학의 스톤 센터를 설립한 학자다. 이와 더불어, Jordan은 하버드 의대의 정신과 임상 교수다. 로드아일랜드 주의 프로비던스에 있는 브라운 대학교에서 우수한 성적의 Phi Beta Kappa(미국 대학 우등생들로 구성된 친목단체의 일원)로 졸업한 후, 매사추세츠 주의 케임브리지에 있는 하버드 대학교에서 임상심리학으로 Ph.D.를 취득하였으며, 뛰어난 학업성적으로 상을 받았다. 하버드 대학교 임상 병원인 맥클린 병원에서 여성 연구 프로그램의 소장이었으며 심리학 훈련의 소장이었다. Jordan은 지난 20년 동안 동료인 Jean Baker Miller, Irene Stiver, Jan Surrey와 함께 RCT로 알려진 이론의 발전에 기여하였다.

Jordan은 『Women's Growth in Connection』의 공동 저자이며, 『Women's Growth in Diversity』와 『The Complexity of Connection』의 편집자다. 40개 이상의 보고서와 25개의 장(chapters)을 출판했고, 3권의 책의 공동 저자이기도 하다. Jordan은 심리학 발전에 대한 지대한 공헌으로 매사추세츠 심리협회로부터 공로상을 수상하였다. 또한 1999년 봄, 메닝거 정신과 대학과 정신건강과학 대학에서 Mary Margaret Voorhees 교수로 선택되었다. 매사추세츠 주의 벨몬트에 있는 맥클린 병원에서 정신과 레지던트 들의 '올해의 뛰어난 선생님' 상을 받았으며 미국 내 명사인명록(Who's Who)에 속해 있다. Jordan은 2001년 뉴햄프셔 주의 헨니커에 있는 뉴잉글랜드 대학에서 '과학과 심리학 실천의 공헌에 대한 최고의 평가'와 함께 명예로운 Doctor of Humane Letters를 수상했다. 또한 2002년 '여성주의 심리학의 발달에 지대한 공헌'으로 여성주의 치료 연구소로부터 특별상을 받았다. 그리고 『Journal of Clinical Psychology: In Session』과 『Journal of Creativity and Mental Health』의 편집장이다. 여성의 심리발달, 성 차이, 어머니와 딸, 어머니와 아들, 공감, 심리치료, 소외, 다양성, 상호성, 용기, 능력과 관계, 여성의 성(sexuality), 직장에서의 성, 직장 내 관계실습, 리더십의 새로운 모델, 트라우마적 단절, 갈등과 경쟁, 자아(self)의 관계적 모델 등을 주제로 국내외적으로 글을 쓰고, 강연을 하였으며, 워크숍을 진행하기도 했다. Jordan은 이러한 주제들에 대한 언론의 자원으로 종종 활용되며 〈오프라 윈프리 쇼〉에도 출연했다.

역자 소개

정푸름(Chung, Pooreum)

Claremont School of Theology, Ph.D.
McCormick Theological Seminary, M.A.
한신대학교 신학대학원, M.Div.
현 크리스찬 치유상담대학원대학교 교수

유상희(Yoo, Sanghi)

Claremont School of Theology, M.Div., Ph.D.
Emory University, Candler School of Theology, M.Div. 수료
연세대학교 연합신학대학원, Th.M.
현 크리스찬 치유상담대학원대학교 교수

관계문화치료 입문
Relational-Cultural Therapy

2016년 9월 5일 1판 1쇄 인쇄
2016년 9월 10일 1판 1쇄 발행

지은이 • Judith V. Jordan
옮긴이 • 정푸름 · 유상희
펴낸이 • 김진환
펴낸곳 • (주) **학지사**

　　　　　04031 서울특별시 마포구 양화로 15길 20 마인드월드빌딩
대표전화 • 02)330-5114　　　팩스 • 02)324-2345
등록번호 • 제313-2006-000265호

홈페이지 • http://www.hakjisa.co.kr
페이스북 • https://www.facebook.com/hakjisa

ISBN 978-89-997-1069-8 93180

정가 13,000원

역자와의 협약으로 인지는 생략합니다.
파본은 구입처에서 교환해 드립니다.

이 도서의 국립중앙도서관 출판시도서목록(CIP)은 서지정보유통지
원시스템 홈페이지(http://seoji.nl.go.kr)와 국가자료공동목록시스템
(http://www.nl.go.kr/kolisnet)에서 이용하실 수 있습니다.
(CIP 제어번호: CIP2016020090)

교육문화출판미디어그룹 **학지사**

심리검사연구소 **인싸이트** www.inpsyt.co.kr
원격교육연수원 **카운피아** www.counpia.com
학술논문서비스 **뉴논문** www.newnonmun.com